l'Art de Vivre
À LA CAMPAGNE

l'Art de Vivre
À LA CAMPAGNE

JUDITH ET MARTIN MILLER
PHOTOGRAPHIES DE JAMES MERRELL

Traduction de Christiane Lord

Flammarion

Titre de l'ouvrage original : *Country Style*
Publié par Mitchell Beazley Ltd, Londres
Maquette : Jacqui Small
© 1990 Mitchell Beazley
© 1991 Flammarion pour l'édition française
ISBN : 2.08.200.252.7
ISSN : 0985.6277
Numéro d'édition : 0451
Dépôt légal : avril 1991
Composition : Octavo
Printed in Hong Kong

SOMMAIRE

AVANT-PROPOS

Dans le domaine de la décoration, l'art de vivre à la campagne se distingue par son caractère universel et son charme éternel. S'il nous séduit tant aujourd'hui, c'est probablement parce que sa simplicité nous semble le refuge idéal pour échapper aux contraintes de la vie urbaine. Tous ceux qui l'apprécient se sentent libérés des modes de décoration et de leur cohorte d'obligations élaborées et sophistiquées. Son confort, sa simplicité sont autant d'invitations à la détente et au retour aux sources.

Étant donné l'influence considérable qu'exercent partout dans le monde les traditions rurales sur la décoration d'intérieur, ce livre a pour objet de faire découvrir différentes variations sur cet art de vivre. Évoquer la tradition toscane, par exemple, en termes de style, ne lui ôte en rien sa spontanéité ; c'est plus un hommage à la singularité de ses harmonies, aux riches contrastes de ses couleurs et à l'originalité de ses matériaux et de son mobilier.

On pourrait objecter qu'un style régional ne peut pas se transplanter, car il est étroitement lié aux paysages et à la lumière qui l'entoure. Pourtant, les nombreuses photographies qui illustrent cet ouvrage montrent avec quel succès certains éléments de ces styles ont été adoptés un peu partout dans le monde. Les apports caractéristiques du style provençal – faïences aux couleurs vives, meubles à la patine dorée et tissus imprimés très colorés, se vendent dans le monde entier. Les carreaux espagnols, les meubles peints suédois, les *quilts* américains, les pots italiens en terre cuite, les papiers peints à fleurs et les chintz anglais connaissent le même succès international. Nul besoin de savants agencements pour que ces éléments trouvent leur place dans un appartement new-yorkais ou parisien, dans une maison du Devon ou du Poitou.

Il n'y a pas de raison, non plus, de se limiter à l'artisanat d'une seule région : des objets de différentes origines peuvent se marier avec beaucoup de bonheur : la finca espagnole de Stephen Andrew (voir page 105) est l'exemple éloquent d'une décoration qui ignore les frontières. L'intérieur des maisons de campagne rassemble très souvent des éléments éclectiques. Pour réussir l'aménagement d'une maison, il faut se garder de reproduire des modèles types et laisser le décor prendre forme tout naturellement, en tenant compte des contraintes de la vie moderne. Dans toutes les maisons que nous avons visitées, nous avons éprouvé le même sentiment de confort familier. Chaque décor formait un tout, même si les éléments qui le composaient provenaient de cultures, de pays ou de siècles différents. Ceci est particulièrement vrai dans les maisons de campagne américaines, dont le séduisant bric-à-brac reflète le mélange des cultures des vagues successives d'immigrants.

En règle générale, la décoration d'une maison de campagne ne doit pas entraîner de grosses dépenses. En réalité, elle ne fait que reconstituer le cadre de vie d'une classe paysanne pauvre, un univers où régnaient par tradition la simplicité et la débrouillardise. Si ce livre rend hommage à cet art de vivre, loin de nous l'intention de transformer la vie à la campagne en un calvaire quotidien. Si nous cherchons à recréer l'atmosphère des maisons d'autrefois, nous ne nous faisons pas pour autant les avocats de la cuisine au feu de bois, de l'eau tirée du puits et nous ne condamnons pas le confort des salles de bains modernes.

Nous avons tous notre propre conception de l'art de vivre à la campagne, qui peut aller de la simplicité austère des décors influencés par le style des Shakers au confortable désordre des cottages anglais. Parfois même, on y associe des odeurs, celle du feu de bois dans la cheminée, des plantes aromatiques qui sèchent dans la cuisine ou du pain cuit au four. La magie qu'exerce l'art de vivre à la campagne tient à son naturel, à la simplicité et à la sobriété des formes. En ce sens, on peut dire que pour décorer une maison de campagne, il ne faut surtout pas rechercher la perfection : moins on s'applique, mieux on réussit.

UN STYLE INDÉMODABLE

L'art de vivre à la campagne a traversé et marqué l'histoire de la décoration d'intérieur en un courant qui s'affirme plus consistant et durable que la plupart des autres. Simple, naturel, traditionnel, il a facilement survécu aux styles baroque, rococo, Empire et aux modes éphémères qui ont régulièrement subjugué les classes aisées. Il est facile de comprendre pourquoi : créé par des gens qui n'avaient pas les moyens de suivre les tendances de la mode, il est intemporel. Les habitants des campagnes, en prenant comme critère le naturel, le confort et la solidité, ont conçu un mobilier et des éléments de décoration tout à fait spécifiques. Deux sièges, par exemple, ont défié le temps – la chaise à fond paillé et le fauteuil à bascule américain – car, créés par des artisans locaux, ils allient la simplicité au confort.

La «vogue» que connaît aujourd'hui le style campagnard n'est pas récente. La simplicité, sa caractéristique essentielle, répond au besoin des gens aisés qui veulent retrouver la façon de vivre naturelle des moins fortunés. Le style campagnard fut très à la mode au XIXe siècle, et recherché par tous ceux qui étaient lassés des excès du style bourgeois ; l'intérieur des maisons de campagne devint alors le symbole d'un art de vivre idéal, mais aussi menacé de disparition. Trop choyé, ce style s'est parfois surchargé d'accessoires, comme le confirme la surabondance du chintz dans les salons anglais.

Les maisons que l'on découvrira dans ce livre prouvent que l'art de vivre à la campagne demeure lié aux mêmes éléments fondamentaux : le confort, la simplicité et l'amour de l'artisanat. Né de la nécessité de se débrouiller avec ce qu'on a, ce style peut être reconstitué à peu de frais. Comment expliquer sa magie ? Peut-être tient-elle au fait que ses vertus sont presque trop ordinaires pour séduire – naturel, pureté des formes, sobriété, modestie –, cela lui donne finalement plus de chaleur et de charme que n'importe quel autre style.

La pureté de cet art de vivre est parfaitement illustrée par cette salle commune américaine, avec sa cheminée de brique et son plancher nu.

Comme autrefois

Qui n'a pas été tenté, devant une maison ancienne, de lui rendre son aspect d'antan ? Mais cette entreprise complexe ne se fait pas du jour au lendemain. Stephen Mack, par exemple, est si méticuleux dans sa reconstitution de l'art de vivre des XVIIe et XVIIIe siècles en Nouvelle-Angleterre, qu'il va jusqu'à faire la cuisine dans des chaudrons suspendus dans la cheminée et à s'éclairer aux bougies aussi souvent que possible. (Sa maison possède l'électricité, mais les installations sont encastrées et les interrupteurs en bois sculpté à la main). Pour la plupart des gens, cette approche demande beaucoup trop de temps et les concessions qu'elle implique sont sans doute, dans la vie quotidienne, difficiles à supporter. Les propriétaires de maisons de campagne, dans leur grande majorité, s'engagent dans un chemin moins ardu pour retrouver l'air du temps jadis ; ils choisissent, le plus souvent, des objets et des meubles anciens, et les disposent dans un décor en harmonie.

LA MAISON DE STEPHEN MACK, QUI DATE DE LA FIN DU XVIIIe SIÈCLE, AUX MURS DE BARDEAUX, EST CONSTRUITE SELON LE PLAN CLASSIQUE DES MAISONS AMÉRICAINES DE CETTE ÉPOQUE, AVEC UNE CHEMINÉE AU CENTRE DU BÂTIMENT ET, AU REZ-DE-CHAUSSÉE, DEUX PETITES PIÈCES ET UNE SALLE COMMUNE. LORSQUE STEPHEN L'ACHETA, ELLE ÉTAIT EN RUINE. IL LA RÉNOVA ENTIÈREMENT, CE QUI LUI DONNA L'ENVIE DE SE SPÉCIALISER DANS LA RESTAURATION DE CONSTRUCTIONS DU XVIIIe ET DU DÉBUT DU XIXe SIÈCLES, COMME LA TAVERNE SIMON HUNTINGTON, DANS LE CONNECTICUT, QUE L'ON PEUT VOIR CI-DESSUS À DROITE.

À DROITE : *La salle commune était, à l'origine, la pièce principale – et souvent unique – des premières maisons américaines. Elle faisait à la fois office de cuisine et de chambre. Toutes les activités domestiques s'y déroulaient. Ici, des ustensiles de cuisine sont suspendus de chaque côté de la cheminée où les bûches brûlent sur des chenets traditionnels. Des bouquets d'herbes sèchent, accrochés aux poutres du plafond.*

À DROITE : *Les ferrures de la porte d'entrée se bloquent avec une cale de bois. Sur le mur de droite, on distingue un petit interrupteur également en bois. Stephen veille avec le plus grand soin à ce que les installations d'électricité et de plomberie, concessions faites à notre siècle, soient aussi discrètes que possible.*

PAGE CI-CONTRE : *Les étagères de l'office sont garnies d'assiettes en faïence, de pots et de plats en cuivre, en étain, en terre cuite et en bois.*

CI-DESSOUS : *Un autre aspect de la salle commune photographiée page précédente : les boiseries sont peintes dans le même rouge qu'utilisaient autrefois les pionniers.*

SITUÉE DANS L'AVON, EN ANGLETERRE, FROG POOL FARM, LA «FERME DE L'ÉTANG AUX GRENOUILLES», CONSTRUCTION DE LA FIN DU XIVᵉ SIÈCLE, EST LA DEMEURE DE TREVOR MICKLEM, ANTIQUAIRE SPÉCIALISÉ DANS LE MOBILIER, LA TAPISSERIE, LA VAISSELLE, LES POTS EN MÉTAL ET EN TERRE CUITE DU XVIIᵉ ET DU DÉBUT DU XVIIIᵉ SIÈCLE.

CI-DESSUS : *Aux fleurs de serre, il vaut souvent mieux préférer des espèces sauvages ou des variétés anciennes, comme ces roses toutes simples dans un pot en étain du XVIIᵉ siècle.*

PAGE CI-CONTRE : *Le soleil éclaire la salle à manger du XVIᵉ siècle et la table à volets en chêne du XVIIᵉ entourée de chaises de l'époque de Cromwell. Une haute cheminée occupe tout un mur ; les trois autres ont été recouverts d'un badigeon ocre et rouge indien. Le fauteuil à dos droit est du début du XVIIIᵉsiècle.*

CI-DESSOUS À GAUCHE : *À gauche de la porte, une chaise anglaise en noyer, de l'époque James II et, à droite, une chaise Lancashire du milieu du XVIIᵉ siècle.*

CI-DESSOUS À DROITE : *Cette porte du XVᵉ siècle était vraisemblablement à l'origine la porte d'entrée ; elle est devenue porte d'intérieur. De telles modifications sont courantes dans les maisons de campagne, car celles-ci évoluent au fil des siècles. Les meubles, eux aussi, traversent les années. La table de noyer date du XVIIᵉ siècle et la chaise Windsor du XVIIIᵉ siècle.*

Dans l'air du temps

Il est devenu de plus en plus difficile de faire la distinction entre un décor véritablement rustique et un cadre simplement nostalgique, où tout ce qui vient du passé trouve sa place. De plus, comme on peut le voir dans cette maison, le mobilier contemporain n'est pas exclu de l'art de vivre à la campagne. En fait, cet art de vivre permet toutes les associations car il n'a cessé d'évoluer au cours des siècles. De même que jadis le décor se modifiait de génération en génération – le mobilier étant remplacé, complété ou dispersé, les murs maintes fois repeints – aujourd'hui encore, il refuse de se laisser cantonner à une époque précise. L'essence même du style campagnard, qu'il soit ancien ou moderne, réside dans la simplicité et la pureté de ses lignes.

Dans la banlieue de Bath, ville du sud de l'Angleterre, se dresse, au bord d'un canal, Malt House. Son emplacement s'explique par son ancienne fonction : on y maltait l'orge transportée par péniche. Cette maison se trouve en ville, mais sa décoration est celle d'une maison de campagne et, plus encore, elle donne sur un paysage rustique. Construite vers 1840, elle a abrité une activité commerciale jusqu'en 1956 ; en 1974, elle fut transformée en maison d'habitation. Quand le propriétaire actuel l'acheta, il fit table rase des aménagements d'origine pour mettre en valeur l'imposante structure originelle du bâtiment.

Page ci-contre : *Au premier étage, un immense espace ouvert, rompu seulement en son milieu par le pilier de soutènement de la charpente (à droite sur la photo) qui descend ensuite jusqu'au four à maltage au rez-de-chaussée. Un plancher neuf au bois blanchi remplace l'ancien carrelage percé d'orifices pour que la chaleur du four monte dans le grenier à orge, qui recouvre maintenant le sol du rez-de-chaussée (voir page 180). La table moderne et sa maquette, exposée sur le plateau, ont été conçues par Richard Latrobe Bateman, en harmonie avec le faisceau dessiné par les poutres.*

Au centre à droite : *La porte du four est un remarquable exemple de sculpture industrielle. Le four est aussi pratique que décoratif. Il chauffe la maison et conserve les plats à bonne température (la partie supérieure est idéale pour faire mijoter les plats en cocotte). La table en orme, basse et trapue, dessinée par Richard Latrobe Bateman, complète parfaitement la beauté architecturale de cette pièce. En dépit des apparences, le kilim posé sur le canapé n'est pas ancien. Les couleurs naturelles des textiles exotiques se défraîchissent vite et perdent rapidement l'éclat criard du neuf pour prendre des teintes douces et agréables.*

En bas à droite : *Malt House ne fabrique plus de malt mais on y travaille toujours. Aujourd'hui, la plupart des adeptes de la vie à la campagne maintiennent la tradition qui veut que la maison soit à la fois un lieu d'habitation et d'activité, bien que les planches à dessin et les ordinateurs soient désormais plus répandus que les métiers à tisser ou les tours de potier.*

Le dernier étage, juste sous le toit, accessible depuis la grande salle par un escalier en colimaçon, abrite une chambre et une salle de bains.

À GAUCHE : *On a accroché aux poutres les amples rideaux blancs d'un lit à baldaquin. Au-dessus de celui-ci, de larges vasistas déversent des flots de lumière. Les fauteuils d'osier sont rembourrés de coussins recouverts de tissu africain.*

CI-DESSOUS : *La salle de bains est équipée d'une baignoire sur pieds, à large rebord enroulé. Elle a été peinte en noir pour s'harmoniser à la chaise peinte créée par Richard Latrobe Bateman. L'éclairage encastré respecte l'ordre parfait de l'ensemble.*

Atmosphère rétro

Nul n'a besoin d'être propriétaire d'une maison très ancienne pour s'offrir un décor de style. Un bâtiment récent, de conception classique et construit avec des matériaux traditionnels, ou qui les a intégrés de façon harmonieuse, peut être meublé à l'ancienne et réaliser un compromis parfait avec notre époque.

LES MURS DE CETTE MAISON MODERNE AMÉRICAINE ONT ÉTÉ RECOUVERTS DE PLANCHES QUI LUI DONNENT L'ASPECT CARACTÉRISTIQUE DES CONSTRUCTIONS EN BOIS ANCIENNES. AINSI, DES COULEURS AUTHENTIQUES, DE VIEUX MEUBLES ET DES OBJETS ARTISANAUX ONT TRANSFORMÉ UNE MAISON NEUVE EN UNE DEMEURE SANS ÂGE.

À GAUCHE : *La maison est neuve, mais l'escalier provient d'une grange ancienne.*

À DROITE : *Les boiseries sont peintes d'un bleu caractéristique.*

À GAUCHE : *En Amérique, à l'époque des colons, les bois nobles étaient rares ; on fabriquait donc la plupart des meubles dans du bois de qualité inférieure que l'on peignait.*

PAGE CI-CONTRE : *Des chaises à fond paillé et à dossier droit de la fin du XVIIIe siècle et un banc Windsor du XVIIIe entourent une table banquette de la même époque.*

CI-DESSOUS : *La fenêtre triangulaire, au large rebord sur lequel on peut s'asseoir, offre une vue panoramique sur la campagne. Le parfum d'antan qui imprègne cette pièce est accentué par le fauteuil Windsor en noyer blanc d'Amérique, de la fin du XVIIIe siècle, muni d'une tablette pour écrire, et par la petite table à abattants de Nouvelle-Angleterre qui date du début du XVIIIe siècle.*

Harmonie des styles

La caractéristique essentielle de l'art de vivre à la campagne est d'être vivant, capable de s'intégrer au monde environnant. Il n'y a aucune raison pour qu'un mobilier moderne, de belle facture, aux lignes pures et fabriqué dans un matériau naturel, ne trouve pas sa place dans une grange ancienne, une ferme ou une maisonnette.

L'Aubergade, belle demeure en pierre du XIIIᵉ siècle, à Puymirol, près d'Agen, a été meublée dans un style contemporain qui reste cependant adapté à l'environnement campagnard.

Page ci-contre et ci-dessous à gauche : *Dans le hall, de hautes fenêtres permettent à la lumière de se refléter sur les dalles de marbre poli. Les arches et les murs anciens de pierre blanchie forment un vaste espace, en parfaite harmonie avec le mobilier classique et blanc. Quelques touches de couleur – le bleu de la toile des rideaux et l'orange des fruits de l'arbuste dans le pot de terre vernissée – rappellent les imprimés provençaux traditionnels.*

Ci-dessous à droite : *Les stores tamisent et blanchissent la lumière du soleil. Les rideaux en toile bayadère coulissent sur la tringle – montage particulièrement adapté à une maison de campagne. Les poutres mal équarries et les tomettes usées compensent, par leur aspect chaleureux, la froideur du bureau moderne et mettent en valeur la finesse du bois de la chaise ancienne.*

Savant désordre

La fascination qu'exerce l'art de vivre à la campagne tient en partie au fait qu'il allie le rêve à la réalité. Le cottage anglais en est la parfaite expression. Il évoque pour nous l'image de la vie quotidienne dans l'Angleterre de jadis, avec sa porcelaine bleue et blanche, ses pots ventrus, son charmant désordre accentué par la profusion de fleurs des papiers peints. La petite villa italienne à flanc de coteau paraîtra, en revanche, vaste et dépouillée avec, ici et là, de belles urnes en terre cuite. Les paysans anglais ne possédaient pas plus de choses que les Italiens, mais leurs maisons étaient sensiblement plus petites, de sorte que leurs biens finissaient par remplir tout l'espace. Ce qui, à l'origine, était la conséquence logique de la différence de taille entre les maisons anglaises et italiennes devint, finalement, la caractéristique de leurs styles respectifs. Mais bien que le cottage en soit le meilleur exemple, ce style n'est pas purement anglais. Quelle que soit la maison ou le pays, si l'espace est réduit, c'est ce style et son joyeux désordre qui s'imposeront.

L'ARTISTE MARY WONDRAUSCH, QUI S'ADONNE À LA POTERIE ET À BIEN D'AUTRES ARTS, HABITE ET TRAVAILLE DANS UN COTTAGE EN BRIQUES DU SURREY, CONSTRUIT VERS 1550. DEPUIS TRENTE-CINQ ANS, ELLE A AJOUTÉ AUX TRANSFORMATIONS QUE LES SIÈCLES AVAIENT DÉJÀ APPORTÉES SES PROPRES AMÉNAGEMENTS. ELLE A FABRIQUÉ ELLE-MÊME LES CARREAUX EN CÉRAMIQUE QUI ORNENT LE MUR AU-DESSUS DU PLACARD EN PIN DE LA CUISINE ET LES POIGNÉES EN FAÏENCE DES PORTES DU MEUBLE. SA PASSION POUR L'ARTISANAT DU MONDE ENTIER S'EXPRIME DANS TOUTE LA MAISON À TRAVERS UN FOISONNEMENT DE POTERIES, DE TEXTILES ET DE DÉCORS MURAUX.

PAGE CI-CONTRE : *Des herbes sèches sont accrochées à la poutre centrale, qui date du XVIᵉ siècle.*

EN HAUT À DROITE : *La cuisinière sur laquelle mijotent les repas chauffe aussi la pièce et permet d'avoir des torchons toujours secs.*

AU CENTRE À DROITE : *Cette cuisine de campagne est l'antithèse absolue des installations mo-dernes et fonctionnelles.*

EN BAS À DROITE : *Au-dessus des carreaux faits à la main, des étagères accueillent une collection de coquetiers et de flacons d'aromates.*

PAGE SUIVANTE : *Diversité des tissus, richesse des couleurs, des dessins et des textures pour cette pièce feutrée.*

Simplicité des lignes

A ucune règle n'impose un désordre chaleureux dans les maisons de campagne. On peut en effet préférer les espaces libres, les arrangements sages. Mais dans cette optique, il est fondamental de veiller à ce que les éléments architecturaux de la maison paraissent clairs et nets. On pourra, par exemple, carreler les contremarches de l'escalier ou border chaque marche d'un bois de qualité. On voit peu d'intérieurs modernes capitonnés de draperies et de tapis.

SEASIDE, EN FLORIDE, EST LA VERSION MODERNE DES INTÉRIEURS SIMPLES ET TRA-DITIONNELS D'ANTAN (VOIR AUSSI PAGE 158).

À GAUCHE : *Un tableau est l'unique ornement des murs, lambrissés d'un bois richement veiné. Le mobilier dépouillé, aux proportions géné-reuses, se compose d'un bahut sobre, de deux fauteuils confortables, habillés de coton blanc, et d'un coffre qui fait office de table basse.*

CI-DESSUS : *Un simple banc en planches voisine avec une étroite com-mode sur laquelle est posé un ancien casier à semences qui sert de petite étagère.*

31

Dans l'intérieur des terres

L'art de vivre est toujours étroitement lié à son pays d'origine. Si les maisons paysannes sont, le plus souvent, assez petites, on trouve cependant d'immenses fermes, des granges imposantes et des moulins spacieux. L'architecture de ces constructions est directement influencée par la nature des matériaux disponibles dans la région et les types de culture qu'on y pratique. Ainsi, les habitations sont, en quelque sorte, le fruit de leur environnement ; même les tonalités des intérieurs sont très souvent le reflet des nuances du paysage extérieur. Dans les fermes des régions assez froides, on utilise des coloris fanés et doux, comme le beige-crème, le vert des feuillages et le brun clair, alors que sous les climats plus chauds, le blanc éclatant et les couleurs vives dominent.

EL MOLINO DEL CARMEN, EN ANDALOUSIE, EST UNE ANCIENNE FABRIQUE D'HUILE D'OLIVE. ELLE ABRITE AUJOURD'HUI L'ATELIER ET LA DEMEURE D'UN ARTISTE. LA TERRASSE OFFRE UNE VUE PANORAMIQUE SUR LE VILLAGE. DE TEMPS EN TEMPS, DES FAUCONS VIENNENT TOURNOYER AU-DESSUS DES RUINES D'UN COUVENT, ACCROCHÉ AU FLANC D'UN COTEAU, ET, PLUS LOIN, DES AIGLES PLANENT AU-DESSUS D'UN CHATEAU JUCHÉ SUR UNE COLLINE ; LE PAYSAGE S'IMPRÈGNE ALORS D'UNE SAISISSANTE BEAUTÉ ROMANTIQUE.

EN HAUT À DROITE : *De part et d'autre de la cheminée ornée de carreaux peints à la main, les étagères sont garnies de livres, poteries et souvenirs de famille. Des tableaux d'inspiration religieuse et des bouquets de fleurs sauvages accentuent l'impression de confort naturel de cette pièce.*

AU CENTRE À DROITE : *Des tableaux modernes, inspirés par des personnages et des paysages du pays, sont accrochés au-dessus d'une table rustique, envahie par un désordre de palettes, de peintures, de pots de terre hérissés de pinceaux ou garnis d'exubérants bouquets de fleurs des champs.*

EN BAS À DROITE : *La superbe volute de l'escalier, construit avec les matériaux mauresques traditionnels – plâtre, bois et carrelage – , et sa rambarde ajourée offrent un contraste saisissant avec l'ancien mécanisme de la fabrique heureusement conservé après la reconversion du moulin.*

PAGE CI-CONTRE : *La solide porte cloutée, en bois décoloré par le soleil, souligne la beauté de la courbe de l'escalier. Des azulejos décorés à la main ornent les contremarches et adoucissent la sévérité des lignes.*

En bord de mer

Les habitants des régions maritimes vivaient grâce à la mer et leurs maisons portent la marque de cette dépendance. Le bois destiné à la construction des bateaux, par exemple, servait aussi à faire les charpentes et à habiller murs et plafonds. On le peignait ensuite de la couleur des vagues ou du bois blanchi par le sel. Les maisons étaient petites, basses et bien isolées pour résister aux vents violents qui soufflent du large.

Là où la terre et l'eau se rencontrent, cette maison de l'île de Ré, aménagée dans l'ancien poulailler, la cabane et la maison d'un pêcheur, illustre l'harmonie parfaite entre le style campagnard et l'univers marin. Les propriétaires ont veillé à décorer leur demeure en respectant l'esprit de la région ; ils ont acheté des meubles sans prétention, choisi des tissus bleus et blancs et réuni toute une collection d'objets, anciens et contemporains, tous évocateurs de la mer.

À gauche : *Les panneaux de bois vernis foncé de cette pièce encastrent les alcôves et recréent l'atmosphère des cabines lambrissées des anciens grands voiliers. L'évocation est renforcée par les maquettes de goélettes et de yachts, le solide bureau en acajou du XIXe siècle et sa chaise. Le plancher peint en blanc et des tapis tissés éclairent la pièce et évitent que cette reconstitution d'une cabine de capitaine ne soit trop sévère.*

En haut à droite : *Les volets gris-bleu, protection indispensable contre le vent du large et le soleil d'été, ressortent bien sur les murs chaulés.*

Au centre à droite : *Les murs extérieurs, en très mauvais état, ont été refaits avec la pierre de Pisay que l'on trouve sur l'île.*

En bas à droite : *Ce qui n'était autrefois qu'une remise avec un toit en verrière est devenu un bureau ensoleillé meublé d'un secrétaire en pin ciré. Des chaises de jardin pliantes et un portemanteau d'école communale, très pratique pour les coupe-vent toujours encombrants, complètent l'ameublement. Le sol est carrelé et facile à entretenir.*

À GAUCHE : *De la salle à manger, on aperçoit la cuisine (photographiée page 184) à travers une fenêtre à double battant qui sert de passe-plat. Au-dessus, un cartel de la fin du XIXe siècle en ébène et érable est suspendu. Des chaises en hêtre, de la même époque, entourent une large table en pin. Le blanc cassé du plafond incliné et des poutres s'harmonise avec la douceur des lignes du mobilier. La table est recouverte d'une nappe surpiquée blanche, un jeté de lit enveloppe le fauteuil près de la cheminée et un épais tapis blanc protège les tomettes, dont on a carrelé tout le rez-de-chaussée.*

EN HAUT À DROITE : *Des étagères en bois peint permettent d'exposer une collection d'objets marins. Leur forme triangulaire convient parfaitement à l'angle peu pratique qu'elles occupent. Les plinthes qui les soulignent donnent de l'assise à la planche inférieure et plus de présence à celle du haut. Les rideaux, en toile de voile écrue, apportent une lumière douce et naturelle à cette pièce où dominent les teintes océanes ; ce tissu est plus original que l'inévitable tissu à rayures bleu et blanc du bord de mer.*

EN BAS À DROITE : *Le coin salon baigne dans une tonalité bleu-vert océan. Une délicate marine, dans un cadre en pin ancien, attire le regard ; c'est la pièce centrale d'une collection d'objets qui accentue l'atmosphère maritime de cette pièce.*

DANS LA CAMPAGNE ANGLAISE

S i la maison de campagne est la réponse universelle à tous les rêves d'une vie plus simple, le cottage anglais en est alors l'archétype. Niché au cœur des roses trémières, avec ses murs en pierres de Costwold couleur caramel, ses tuiles moussues ou son toit de chaume, il est la demeure de prédilection du romantisme bucolique. Derrière la porte de ce lieu idyllique se cache un désordre chaleureux, comme si ses habitants avaient vécu auparavant dans une maison plus spacieuse. L'élégante porcelaine bleue et blanche des grandes occasions est maintenant exposée sur le dressoir de la cuisine et voisine avec les poteries vernissées et les cuillères en bois. Les livres sont empilés sur de petites tables parce qu'il n'y a pas de place ou pas de murs assez droits pour y installer des rayonnages. Fauteuils en chêne et guéridons se serrent autour d'immenses cheminées ; les rebords des fenêtres, aux profondes embrasures creusées dans les murs épais et garnies de coussins, servent de banquettes. Dans cet univers douillet et reclus, rien ne permet, à l'extérieur, d'imaginer que les pièces puissent être aussi petites.

À l'origine, la plupart des cottages servaient de logement aux fermiers employés par les seigneurs. Beaucoup ont été construits entre le XVIᵉ et le XIXᵉ siècles, le plus souvent à la hâte, pour permettre aux paysans pauvres d'habiter à proximité des grands propriétaires dont ils cultivaient les terres. Ces paysans avaient été dépossédés de leurs seuls biens, les terres communales, lorsqu'elles furent rattachées par les seigneurs à leurs domaines. Parfois, le manque de logements fut résolu par l'aménagement de plusieurs cottages dans de grandes fermes désaffectées.

Depuis toujours, le cottage n'offre qu'un espace restreint, vite en désordre, ce qui allait devenir la caractéristique même de son style, au même titre que les lits démesurés trônant dans de minuscules pièces blotties sous les avant-toits. De la même façon, les traits les plus séduisants de son architecture se sont affirmés par la force des choses. Le porche, dont la fonction pre-

À GAUCHE : *Les couleurs de la campagne anglaise sont adoucies par les brouillards hivernaux ou les brumes de l'été. Les mêmes brun-gris, vert fanés et bleus délavés se retrouvent dans la décoration des intérieurs.*

CI-DESSUS : *Cette barrière traditionnelle est le témoin de toutes les allées et venues de la vie paysanne : le fermier qui rentre les vaches pour la traite ou les moutons pour la tonte, les charrettes qui rapportent le grain ou les tracteurs qui partent labourer les champs.*

mière était d'éviter de salir l'entrée proprement dite, s'est agrandi au cours des générations jusqu'à devenir un petit vestibule.

Les fermes, en revanche, étaient plus spacieuses : outre les chambres qu'il était possible d'aménager dans les greniers, comme pour les cottages, le rez-de-chaussée était beaucoup plus accueillant, car les propriétaires avaient eu toute liberté pour construire sur leurs terres. La cuisine est souvent vaste, avec une longue table au milieu, alors que dans un cottage, elle est beaucoup plus petite et tient également lieu de salle à manger, le plus souvent installée dans un coin aménagé de placards.

Le cottage exigu, dont le mouvement romantique du XIXe siècle avait fait le symbole de la vie pastorale anglaise, a conservé les traces de cet héritage. Pour William Morris et les autres membres du mouvement *Arts and Crafts*, le cottage, si petit et si complet, représentait le retour à une vie simple et saine et le refus de la grisaille et de la monotonie de l'Angleterre industrialisée. Amoureux des cottages et de la campagne, ils auréolèrent l'objet de leur passion d'un romantisme qui les poussa à y ajouter des touches personnelles. L'architecte Charles Voysey, membre de ce courant de pensée, encourageait ses clients à «essayer les effets d'une pièce bien proportionnée, avec des murs blanchis à la chaux, un simple tapis, des meubles sobres en chêne et uniquement les objets strictement nécessaires, avec un bouquet de fleurs pour tout ornement». Mais Voysey, comme Morris, gagnait sa vie non pas grâce aux murs blanchis à la chaux mais grâce aux papiers peints à fleurs, de sorte que l'image romantique du cottage se chargea peu à peu de flots de papiers fleuris.

Cette vision romantique d'un art de vivre dans la campagne anglaise n'est cependant pas une pure fiction. La plupart des employés de maison habitant dans des cottages accolés aux propriétés de leurs patrons, la classe paysanne pauvre côtoyait, de façon très concrète, les classes aisées. Des idées de décoration, vues dans la «grande maison», se glissaient rapidement dans les petites demeures. C'est à la fin du XIXe siècle que l'on vit apparaître, dans les fermes et les cottages de paysans aisés, les salons, jusqu'alors apanage des maisons de maîtres. Ils étaient souvent aménagés dans une remise, derrière la cuisine, à l'abri de la porte d'entrée et de ses courants d'air. L'agencement des

En Angleterre, la vie rurale est essentiellement villageoise. L'église, l'épicerie et le pub, souvent regroupés autour d'une pelouse communale, sont l'âme de la communauté. Selon la région, les cottages sont en pierre, en silex, en torchis ou en brique recouverte de planches ou, ce qui constitue l'archétype de ces constructions, ornée de colombages ; lorsque la maison possède également un toit de chaume et des rosiers, elle devient le rêve de tous les amoureux de la campagne anglaise.

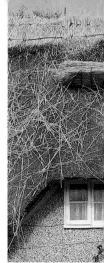

CI-DESSUS ET PAGE CI-CONTRE, DE GAUCHE À DROITE, EN HAUT : L'architecture anglaise, comme la campagne environnante, est façonnée et colorée par le climat. Les toits pentus ont beau isoler la maison de la pluie insistante, elle finit par laisser des traces – tous les matériaux, les tuiles, le bois, le métal et le chaume prennent, à la longue, une patine verte entretenue par l'humidité.

pièces et meubles récupérés n'était pas le seul emprunt fait aux grandes maisons. Le magnifique enchevêtrement de fleurs désuettes que nous admirons aujourd'hui autour des cottages est le résultat de pousses prélevées sur les plantes cultivées jadis dans les jardins des classes aisées. À l'origine, le lopin qui s'étendait devant les cottages servait de potager ; c'était tout ce qui restait des terres qui entouraient les cottages après que le seigneur les eut rattachées à son domaine. Mais, à mesure que le maître faisait et refaisait son jardin avec les plantes à la mode, le chef jardinier donnait les espèces démodées aux habitants des cottages. Peu à peu, roses trémières, pensées, lupins et roses anciennes proliférèrent au hasard des emplacements libres, entre un carré de choux et un autre de carottes ; le charmant désordre qui en résulta inspira les fabricants de tissus et de papiers peints.

Ces papiers fleuris, typiquement anglais, sont réservés en général au salon et aux chambres, pièces dans lesquelles les murs sont suffisamment lisses et faciles à tapisser. Dans les pièces fonctionnelles, comme la cuisine, les murs sont blanchis à la chaux ou peints couleur crème, coquille d'œuf, ou jaune paille pour égayer ces endroits éclairés seulement par de petites fenêtres. Des frises réalisées au pochoir soulignent parfois le plafond à la manière des moulures bourgeoises. Leurs motifs, toujours simples, se retrouvent dans le tissu imprimé des rideaux. Dans les fermes, on utilise des couleurs plus foncées : pourpre, vert sombre et ocre profond car ces teintes réchauffent et font paraître plus petites les trop grandes pièces. Les cheminées monumentales ont souvent été peintes d'une couleur en contraste avec celle des murs.

Le mobilier de campagne anglais, simple et robuste, était l'œuvre de menuisiers locaux auxquels on demandait des meubles durables et pratiques. Le buffet, par exemple, qui était le meuble le plus important, servait à créer des espaces plus

CI-DESSUS ET PAGE CI-CONTRE, DE GAUCHE À DROITE, EN BAS : *Les façades des maisons, dans la campagne anglaise, sont toujours enrichies de nombreux détails. Des fenêtres mansardées brisent la ligne des toits, l'armature des fenêtres à meneaux brille doucement ; le bois sculpté et le fer forgé décorent les portes d'entrée et les poutres patinées par les siècles ornent les façades.*

intimes dans la salle commune, souvent très vaste. Ainsi, le dressoir, qui a été relégué dans les cuisines des maisons cossues, a continué de trôner dans la grande pièce du cottage parce qu'il isolait la cuisine de la salle à manger. C'était cependant le hasard qui présidait à l'agencement des cuisines de campagne anglaises. Les dimensions des meubles étaient parfaitement anarchiques et , souvent , les bois peints ou simplement frottés à la brosse voisinaient avec le chêne massif ciré.

La forme de ces meubles, fabriqués par les artisans locaux, dépendait en fait des propriétés des matériaux utilisés. La souplesse du hêtre, par exemple, a permis de façonner ces merveilleuses chaises Windsor, avec leur dossier aux barreaux légèrement incurvés, que l'on doit aux charrons locaux.

Comme les chaises à dossier dit en «dents de râteau» – en raison de leur forme évasée vers le haut et rétrécie vers le bas qui rappelle le râteau dont on se sert pour ramasser le foin –,

les lignes des meubles de campagne anglais sont à l'image des formes naturelles. C'est particulièrement visible dans la décoration. Les quelques motifs s'inspirent directement de la nature elle-même. Les roses qui s'épanouissent sur le tapis devant l'âtre pourraient avoir été dessinées d'après les fleurs du vieux rosier grimpant planté à côté de la porte d'entrée, tandis que les tons bruns et rouges du kilim rappellent la couleur des briques anciennes. On redécouvre, dans les dessins de charrettes et de chevaux qui ornent la porcelaine bleue et blanche, présente dans toute la maison, le paysage de champs labourés et de haies. Ces dernières ont d'ailleurs largement contribué à la naissance du style du cottage anglais ; plantées par les riches seigneurs pour enclore les anciennes terres communales, elles ont contraint les paysans appauvris à s'installer dans ces chaumières, qui sont à l'origine du plus romantique de tous les styles campagnards.

DANS UNE BANALE MAISON DU DÉBUT DU SIÈCLE, EN BORDURE D'UNE GRANDE ROUTE DU DEVON, GUIMUND MOUNTER, ANTIQUAIRE, ET ANA SIMONS ONT RÉUSSI À RECRÉER L'ATMOSPHÈRE D'UNE DEMEURE ANCIENNE.

PAGE CI-CONTRE : *Le canard sculpté, sur la tablette de la cheminée peinte en bleu, est un ancien appeau ; il se détache sur les murs passés à la chaux. À la campagne, la plupart des chambres n'offrent guère plus de place que pour un lit et une armoire ou une commode. Ici, cependant, un élégant guéridon en bois fruitier du XVIIIe siècle et une chaise rustique complètent l'ameublement.*

CI-DESSOUS À GAUCHE : *Dans les chambres, les murs ont été recouverts d'un papier d'apprêt puis d'un badigeon jaune, d'où cette impression d'inégalité marbrée qui s'accentue à mesure que la couleur se défraîchit.*

CI-DESSOUS À DROITE : *Dans les fermes, on ne se débarrassait pas des vieux meubles mais on les redécorait pour les adapter à la mode ou aux circonstances. L'ancien propriétaire de cette commode-armoire galloise du XVIIIe siècle l'a entièrement badigeonnée, sans prendre la peine d'épargner les poignées de cuivre.*

CI-DESSUS : *Un fauteuil Windsor en bois fruitier, du début du XIXe siècle, est placé à côté de la cheminée garnie d'un foyer en fonte ; sur le manteau, une maquette de bateau du siècle dernier rappelle les liens étroits avec la mer en Cornouailles. Le buffet d'angle du XVIIIe siècle, dont la peinture verte s'est assombrie et écaillée avec le temps, est un exemple splendide de simplicité qui touche à la grandeur. Seule la partie haute est d'origine ; la base a été dessinée, fabriquée et vieillie par Guimund pour qu'elle s'harmonise avec la partie ancienne.*

Ci-dessus : *Les éléments essentiels du décor d'origine sont un mobilier réduit, des planchers nus ou des tapis tressés, des murs badigeonnés et des boiseries peintes en marron, bleu canard ou vert varech.*

À gauche : *Une solide table en bois entourée de chaises – ici , des chaises Windsor en bois fruitier du XIXe siècle – constituent les éléments de base de toute cuisine campagnarde. La table, de la fin du XVIIIe siècle, est une pièce remarquable avec des pieds et une ceinture en frêne et un plateau réversible qui offre une face en pin délavé pour tous les jours et une face cirée pour le dimanche.*

Lorsque Peter et Silvie Schofield ont découvert Huttswell Farm, dans le nord du Devon, la maison était pratiquement en ruine. Sa construction ancienne demandait une rénovation prudente : ses murs en torchis (mélange de terre argileuse et de paille hachée) ne pouvaient respirer qu'à condition d'être enduits, à l'intérieur mais aussi à l'extérieur, de peinture à l'eau. Les propriétaires n'ont donc utilisé que des techniques et des matériaux traditionnels : mélange de chaux et de plâtre, mortier et badigeon.

À GAUCHE : *Le salon rassemble des meubles campagnards, confortables et éclectiques, et des fauteuils moelleux recouverts de chintz anglais passé. Un buffet bas en pin, du XIXe siècle est placé contre une cloison porteuse en chêne du XVIe siècle.*

CI-DESSOUS À GAUCHE : *Les accessoires de l'installation électrique ont été recouverts d'une couche de peinture moderne assortie à la couleur des murs (le lait de chaux n'adhère pas sur le plastique).*

CI-DESSOUS À DROITE : *Les plâtres anciens de ce mur ont été chaulés d'une jolie teinte abricot. Il faut avoir la main heureuse pour cette opération car, contrairement à nos peintures modernes qui se choisissent sur un nuancier, il est pratiquement impossible de connaître la teinte que prendra le mélange une fois sec.*

À DROITE : *Un fauteuil ancien et des chaises du siècle dernier entourent une table en pin patinée, créant dans la cuisine un sympathique «coin repas». Des dessins d'enfants épinglés sur les murs ajoutent du charme à ce décor.*

CI-DESSOUS : *Les murs en torchis peuvent durer indéfiniment si on les protège de l'humidité qui monte du sol ; on a coulé une dalle de béton sur la surface du rez-de-chaussée que l'on a carrelée de briques anciennes sciées pour réduire leur épaisseur à 4,4 centimètres. Un tapis bouclé, du début du siècle, est étendu devant la cuisinière à charbon.*

Dans le Somerset, la maison que Jane et Terry Macey, stylistes, ont transformée, était un pavillon de gardien de l'époque edwardienne, abandonné depuis de longues années. Ils l'ont transformé en une demeure assez grande pour loger leur famille et leur atelier. À l'origine, ce pavillon ne possédait qu'un rez-de-chaussée au plafond d'une hauteur considérable ; en le démolissant, les Macey ont trouvé suffisamment de place pour aménager un deuxième niveau.

À GAUCHE : *Pour la décoration de cette maison, seuls les matériaux naturels sont utilisés. Le bois nu est mis à l'honneur avec ce solide dressoir en pin ciré. Les murs ont été décapés pour laisser apparaître les briques, qui ont ensuite été peintes en crème. Le ciment du sol a été soigneusement cassé au marteau pour mettre au jour les dalles en pierre d'origine.*

CI-DESSOUS : *Ces meubles de jardin en bois ont été choisis pour leur robustesse, ce qui leur permet en effet de supporter les épreuves de la vie de famille.*

À L'ORIGINE, CETTE SUPERBE PROPRIÉTÉ ÉTAIT UNE FERME ; BÂTIE AU XVIᵉ
SIÈCLE, ELLE A ÉTÉ TRANSFORMÉE EN MAISON DE CAMPAGNE EN 1930.
NICHÉE AU CŒUR DU SUSSEX, ELLE EST AUJOURD'HUI LA DEMEURE DE
DEUX ANTIQUAIRES. GRÂCE À LEUR SENS DES COULEURS, DU MARIAGE DES
STYLES ET DE L'UTILISATION DES TISSUS, ILS ONT SU CRÉER UN DÉCOR
INCOMPARABLE.

À DROITE : *La chaude atmosphère de cette pièce est due à la couleur des
murs peints à l'éponge couleur rouge brique, ce qui leur vaut cet aspect
moucheté, à la frise de papier peint qui court sous le plafond, et aux
tomettes. Une table de café en bois fruitier du XVIIIᵉ siècle, joliment
incurvée, est installée devant un banc lui aussi arrondi, en pin et en
sycomore, de la même période, recouvert de coussins à motifs scandinaves. Le dressoir en pin et en noyer du XVIIIᵉ siècle accueille une collection d'objets hétéroclites des XVIIIᵉ et XIXᵉ siècles (en gros plan page 203).*

CI-DESSOUS : *L'art artisanal est le complément obligé de la décoration
des maisons de campagne. Cette colombe en bois peint se détache sur
les murs mouchetés.*

Dans toute la maison, les couleurs ont été savamment mélangées pour obtenir les nuances exactes voulues.

À DROITE : *Cette composition, où sont associés couleurs luxuriantes, tissus d'origines diverses, artisanat et meubles campagnards, crée une atmosphère très particulière. Le rouge brique du plafond et le bleu foncé des poutres forment un contraste saisissant ; sous le lustre à bougies en fer forgé, d'origine française du XVIIᵉ siècle, est installée une table en sycomore couleur miel entourée de chaises Windsor du XVIIIᵉsiècle, dont la peinture d'origine est usée par le temps, et de quatre chaises pliantes, à dossier et siège en osier tressé. Le mur derrière la table est juste assez grand pour l'imposante cheminée flanquée de deux grandes appliques à bougies en cuivre. À côté de l'applique de gauche, se dresse une horloge comtoise du XVIIIᵉ siècle, peinte en vert foncé, qui voisine avec une étagère à épices, d'un vert passé, accrochée au mur.*

CI-DESSOUS : *L'importance de la surface des éléments de cuisine peints en rouge et en bleu est savamment inversée à celles du plafond. Cet équilibre, ainsi que le choix d'autres nuances proches de ces tonalités de base, sont le secret de la réussite de cet ensemble aux couleurs fortes et chaudes. Les tomettes et le tapis victorien participent aussi à cette harmonie.*

DANS LA CAMPAGNE FRANÇAISE

L e style de maisons de campagne que nous avons choisi d'évoquer pour la France, qui en possède presque autant que de régions, est celui de la maison provençale. Celle-ci a d'abord été une ferme, puis son architecture s'est singularisée en s'adaptant aux conditions locales : le mistral et l'extraordinaire diversité des couleurs du paysage provençal. Ces fermes sont très différentes, par exemple, de leurs cousines italiennes. Au lieu des roses et des jaunes pâles des collines toscanes, la Provence propose de vigoureux contrastes sous un ciel d'azur étincelant. Les buissons de lavande voisinent avec les champs de tournesols. De longues rangées de cyprès, coupe-vent efficaces, se dressent comme d'immobiles sentinelles le long des champs de blé. Le paysage qu'a célébré Van Gogh n'a pas changé. Quand il s'installa en Provence et qu'il découvrit les puissantes harmonies du roux-orange, du vert acide, du bleu cobalt et du jaune tournesol, il écrivit, passionné, à son frère : «Je consomme un nombre invraisemblable de toiles et de couleurs.»

Le modèle de base de l'habitation provençale est le mas, petite ferme aux murs en pierre ou en terre dont la structure répond à une double nécessité : se protéger du mistral et permettre au bétail de pénétrer dans la maison. Son toit plat est recouvert de plusieurs épaisseurs de ces fameuses tuiles rondes pour résister au vent. Les volets et les larges portes, par lesquelles passaient les animaux, ont des formes et des couleurs qui ont su inspirer les peintres. Ces teintes, Van Gogh les a définies en parlant de sa maison : «jaune comme du beurre frais avec des volets vert cru». La plupart des murs ont la couleur de la terre et s'ornent simplement de volets bleu vif, teinte qui est censée éloigner les mouches.

À GAUCHE ET CI-DESSUS : *Le style provençal trouve ses teintes dans la campagne environnante – les ocre et les roux de la terre se retrouvent dans les tuiles bistres et tachetées des toits et dans les murs de pierre. Le village médiéval d'Oppède-le-Vieux est niché dans les bois à flanc de coteau.*

Les couleurs contrastées du paysage ont pénétré à l'intérieur des maisons. Les murs épais sont passés au lait de chaux ou enduits de plâtre et badigeonnés d'une peinture à l'eau, couleur de la pierre et de la terre, gamme de nuances qui va du jaune chamois au jaune moutarde et au bistre. Les teintes des meubles et des objets peints offrent les mêmes contrastes que le paysage. Ici, des carreaux de céramique bruns, verts et jaunes transforment un dessus-de-table en un patchwork miroitant, tandis qu'un damier rouge et blanc devient le dallage de la cuisine. Là, l'unité des murs blanchis à la chaux est rompue par une tache de couleur – une porte bleu ciel ou un haut placard jaune citron.

Le style provençal est l'un des plus décoratifs. Ses maisons ont un charme naturel , malgré leurs hauts plafonds, leurs larges portes et leurs couleurs tranchées. C'est justement ce goût pour les teintes vives qui est à l'origine du tissu provençal, connu et apprécié dans le monde entier. Il a pour origine une toile fabriquée en Inde. Au XVIIe siècle, les navires de la Compagnie des Indes la déchargeaient en énormes ballots à Marseille. Des tisserands locaux interprétèrent les motifs indiens avec les couleurs provençales. Ils imprimaient ainsi des fruits, des fleurs ou de simples formes géométriques sur des fonds jaune clair, jaune moutarde, rouge cerise ou brun rouge comme la terre des collines argileuses.

Le style provençal doit énormément à la Méditerranée et à ses ports. Aux XVIIIe et XIXe siècles, des artisans et des artistes venus de la France entière s'installèrent dans le pays pour s'inspirer des idées et des apports venus de l'étranger. Ce courant qui draina les talents vers la Provence joua, à la campagne, le même rôle que la cour du roi à Paris ; le beau mobilier que l'on y admire aujourd'hui, fruit du talent et de l'imagination de ces artistes, en est le produit. Buffets, coffres, chaises et placards, commandés par les riches fermiers, étaient superbement décorés de gerbes de blé, de couronnes de feuilles de myrtilles ou encore de rouleaux de papier à musique sculptés, preuve que les maîtres de maison étaient des gens cultivés. Les paysans pauvres ne pouvaient s'offrir qu'un seul beau meuble, aussi était-il destiné à des usages multiples ; il s'agissait, la plupart du temps, d'une grande armoire en noyer qui permettait de ranger aussi bien le linge que les provisions.

Les autres éléments du mobilier avaient des formes simples : lits clos, bancs à siège de paille, robustes tables de cuisine. Le fauteuil en bois, bien qu'inventé par un Autrichien, s'est parfaitement intégré au style provençal. Ceux qui ne pou-

PAGE CI-CONTRE : *Les étroites rues pavées des villes et des villages du sud de la France n'ont pratiquement pas changé depuis leur apparition au Moyen Âge. Les murs ont des couleurs éclatantes, ponctuées par le bleu, le gris-vert ou le rouge sombre des volets en bois, indispensables protections contre la chaleur et le vent.*

À DROITE : *Les chaudes couleurs des maisons, sont un écho à la luxuriance du paysage alentour. La terre rouge et les coteaux escarpés mettent en valeur le vert des feuillages, les champs de lavande, de tournesols et de coquelicots tout illuminés de soleil. Comme se fanent les couleurs des fleurs trop épanouies, les coloris vifs des murs des maisons s'adoucissent sous le soleil et le vent.*

 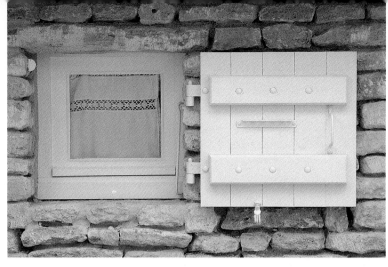 

 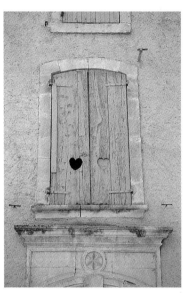  

Les fenêtres sont là pour laisser entrer la lumière mais aussi pour protéger la maison des intempéries. Elles sont souvent petites, surtout sur la façade nord, et ont presque toujours des volets. Il n'est pas rare qu'ils soient complètement fermés pendant les heures les plus chaudes de la journée ; on les rouvre le soir pour laisser pénétrer la fraîcheur avant de les fermer pour la nuit.

vaient pas s'offrir de meubles sculptés se contentaient de les orner de guirlandes de fruits et de fleurs peintes. L'interprétation moderne de ce style campagnard demeure fidèle à un mobilier aux lignes simples et écarte les formes et décorations élaborées. Un divan sans prétention s'accommodera parfaitement d'un tissu provençal aux motifs éclatants, alors qu'un fauteuil plus élaboré sera mis en valeur par une tapisserie unie – un rose abricot ou un brun-rouge.

La cuisine est la pièce la plus représentative du style provençal ; son rôle est aussi important dans notre art de vivre à la campagne que le salon en Angleterre. Dans ce pays où la conscience de classe est profondément enracinée, le salon permet de s'évader de la cuisine, trop associée à l'idée d'asservissement. En France, le nivellement social apporté par la Révolution a fait de la cuisine le cœur de la vie familiale, même dans les fermes les plus cossues qui possèdent une salle à manger. Rien d'étonnant donc à ce que ce soit dans cette pièce qu'on trouve l'essentiel du mobilier de campagne. Chaque meuble constitue une solution simple et rationnelle à la conservation ou au rangement des provisions. Outre la traditionnelle armoire, la cuisine est équipée de quelques objets ou meubles caractéristiques, comme la boîte à sel murale, avec son couvercle incliné, la fameuse panetière, dont la forme à claire-voie permet de délicates sculptures, et enfin le non moins célèbre pétrin, beaucoup plus massif.

Cette tradition d'un mobilier utile jusque dans ses moindres objets a donné à la cuisine de campagne française sa réputation de paradis de la bonne chère. Les ustensiles (casseroles en cuivre, couteaux à découper et plats en terre et en faïence) sont rangés à portée de la main ; on n'enferme dans les pla-

Les volets permettent toutes les variations d'ombre et de lumière : on ferme un battant ou les deux pour tamiser la lumière ou pour que la pénombre soit complète. Mais il y a des volets immobiles : ceux que l'on voit en haut au centre sont peints en trompe-l'œil !

cards que la vaisselle réservée aux grandes occasions. La naïve beauté de ces objets quotidiens est l'une des caractéristiques de nos cuisines de campagne ; ils sont aussi indispensables pour créer un climat que les tomettes du sol, les murs badigeonnés et les placards peints.

Si on voulait faire un tableau de la cuisine provençale typique, il faudrait, au milieu de la pièce, une grande table rectangulaire recouverte d'une toile cirée rouge et jaune entourée de chaises paillées à haut dossier. Derrière, on verrait un vaisselier en noyer garni de plats en faïence verte et un compotier plein de citrons. En face, des casseroles en cuivre et un bouquet de thym seraient accrochés au-dessus d'une imposante cuisinière, installée à l'intérieur de la haute cheminée. Le tableau serait éclairé par un rayon de soleil tombant d'une fenêtre, dans lequel danserait la poussière ; caressant les murs

beiges, il dessinerait une tache de lumière sur le carrelage.

Dans les fermes modestes, la cuisine est, par tradition, la pièce où se déroule la vie de la famille. C'est aussi la pièce la plus colorée. Dans les autres pièces, situées au-delà d'une porte souvent peinte en jaune vif, les murs sont simplement chaulés et les couleurs nettement adoucies ; on y retrouve le même séduisant mariage du bois ciré, de la pierre naturelle, des faïences décorées et de la fameuse toile provençale. L'un des plus grands charmes du style provençal est peut-être de célébrer la couleur dans une seule pièce tandis que partout ailleurs, dans les chambres souvent mansardées ou sur la vaste terrasse ombragée d'une treille, on retrouve le calme des murs blanchis à la chaux. Le style provençal, comme le montrent bien les intérieurs des pages suivantes, est le plus varié et le plus éclatant de tous les styles rustiques.

LES MEUBLES DE CETTE ANCIENNE FABRIQUE OÙ, AU XVIIᴱ SIÈCLE ON TISSAIT LA SOIE, SONT ANCIENS ET TOTALEMENT ÉCLECTIQUES. L'IM- MENSE PLATANE AJOUTE SON OMBRE À CELLE QUE PROCURE LE TOIT DE TUILES RONDES DE LA TER- RASSE QUI S'ÉTEND SUR TOUTE LA LONGUEUR DE LA MAISON.

À DROITE : *Ces chaises de square et leur table se transportent aisé- ment, invitant à déjeuner sur la terrasse, à l'ombre des oliviers ou encore sous le châtaignier.*

PAGE CI-CONTRE : *La tablette sous la fenêtre, typique des cuisines sombres, permet de préparer le repas tout en profitant de la lumière et du paysage. Lorsqu'on ne s'en sert plus, on peut la rabattre contre le mur.*

À la campagne, le garde-manger est un élément indispensable dans la cuisine.

PAGE CI-CONTRE : *À l'office, un casier à bouteilles permet de ranger le vin. Sur la toile cirée à carreaux rouges et blancs qui protège une solide table carrée, sont posés les ingrédients du prochain repas.*

CI-DESSOUS À GAUCHE : *Des fruits et des légumes en bocaux attendent l'hiver dans ce petit placard mural. Les paniers ont été achetés au marché.*

CI-DESSOUS À DROITE : *Ce traditionnel panier à salade du siècle dernier contient de superbes champignons ; il est posé sur un dessus de buffet en marbre, parfait pour tenir au frais les herbes et les échalotes posées à côté d'une assiette en faïence remplie de cerises du jardin.*

La propriétaire du Muy a démoli le faux plafond et mis au jour les anciennes poutres de chêne qu'elle a cirées. Elle s'est bien gardée de les décaper pour que le bois ne prenne pas la couleur d'un matériau neuf, mal assortie à la patine des vieux meubles.

PAGE CI-CONTRE : *Le soleil, qui baigne les courbes douces de ce fauteuil bonne femme en hêtre du XVIIIe siècle, met en valeur sa patine, tout comme celle du buffet en bois fruitier de la même époque.*

CI-DESSOUS : *Ce fauteuil à fond paillé et au dos caractéristique du XVIIIe siècle se marie bien avec le secrétaire en noyer du XIXe siècle.*

DICK DUMAS, DÉCORA-
TEUR D'INTÉRIEUR, A
JETÉ SON DÉVOLU SUR
CET HOTEL DÉSAFFEC-
TÉ, LE PRÉFÉRANT À UN
MAS CLASSIQUE, EN
RAISON DE SA VUE
MAGNIFIQUE SUR OPPÈ-
DE-LE-VIEUX, VILLAGE
DU XIIᴱ SIÈCLE AUX
VIEILLES MAISONS DE
PIERRE. IL A RECOU-
VERT L'AFFREUX CI-
MENT ET LES BRIQUES
DES MURS EXTÉRIEURS
DE GRANDES DALLES
BEIGES.

PAGES PRÉCÉDENTES
ET CI-CONTRE : *Pavée
de briques de la
région, la terrasse
fait office de grand
salon de plein air. Le
superbe mobilier
d'extérieur a été dessi-
né par Dick Dumas.
Le bassin de la pisci-
ne est peint en bleu
lapis-lazuli, plus dis-
cret que l'éclatant
bleu turquoise tradi-
tionnel. Des portes
laquées beiges se
rabattent et révèlent
deux paires de
rideaux en coton écru
– montés sur des trin-
gles de bois naturel –
qui protègent la mai-
son du soleil. Le tronc
des arbres est passé
au lait de chaux pour
éloigner les insectes.
À leur pied, fleuris-
sent des massifs de
pétunias blancs.*

Dans ce bureau-chambre d'amis, on a réuni mobilier de ville et de campagne, une association qui donne souvent au décor un aspect sophistiqué. Dick Dumas, en frottant le parquet – revêtement inhabituel en Provence – d'un peu de peinture blanche a obtenu un aspect plus rustique.

À GAUCHE : *Sur le bureau Louis XVI en acajou, on a posé un chat en faïence Gallé et une collection de chapeaux miniatures datant de la Première Guerre mondiale. Les fauteuils Louis XV sont en noyer ; leur sobriété et leur revêtement en cuir conviennent parfaitement à une maison de campagne. La vue sur la colline et le village, encadrée dans la fenêtre en arc, compose un véritable tableau médiéval.*

EN HAUT À DROITE : *Le strapontin d'une vieille voiture s'accorde parfaitement avec les peintures modernes.*

EN BAS À DROITE : *Couleurs douces et matières naturelles créent une ambiance feutrée. Sur une copie en acajou et à échelle réduite d'une table de salle à manger anglaise du XVIIIᵉ siècle, des livres attendent d'être feuilletés.*

LES ANCIENS APPARTE-
MENTS DES DOMES-
TIQUES ET SIX RÉSER-
VES À CHARBON, SITUÉS
AU SOUS-SOL DE LA
MAISON LONDONIENNE
D'ANDRÉ DE CACQUE-
RAY, ONT ÉTÉ TRANS-
FORMÉS EN CHAMBRES
D'AMIS EMPREINTES
D'UNE ATMOSPHÈRE
TOUTE PROVENÇALE.

À DROITE ET PAGE CI-
CONTRE : *La petite
salle à manger est
meublée d'un guéri-
don anglais en aca-
jou du XVIIIᵉ siècle et
de chaises paillées
Louis XVI en noyer.
Une armoire françai-
se style XVIIIᵉ contient
un lit escamotable.
La pièce ouvre sur
une minuscule cour
qui se donne un air
de jardin grâce à un
«gravier» de verre
synthétique et des
rampes d'éclairage
qui compensent le
manque de lumière
naturelle de cet espa-
ce encaissé.*

EN HAUT : *Le choix de
teintes lumineuses,
blanc, bleu vif et jau-
ne soleil, introduit,
dans cette pièce au
cœur de la ville, une
touche de couleur
provençale, de mer et
de ciel azur. Des
meubles du sud de la
France complètent
cette évocation. Sur le
dessus de la cheminée
en pierre du XIXᵉ
siècle, de style fran-
çais, on a exposé
quelques beaux objets,
comme ces superbes
pots à gingembre en
porcelaine de Chine
bleue et blanche. Der-
rière, une glace
murale multiplie le
peu de lumière qui
pénètre dans la pièce.
Les dalles de marbre
blanc dissimulent un
chauffage par le sol,
adaptation du style
méditerranéen au cli-
mat britannique.*

DANS
LA CAMPAGNE
ITALIENNE

CI-DESSOUS : *Un paysage de collines et d'oliviers dans le cadre d'une fenêtre à l'italienne évoque immédiatement la Toscane. Cette très jolie ouverture a été restaurée avec une colonne étrusque découverte dans les champs et des tablettes de marbre commandées dans une carrière de la région.*

PAGE CI-CONTRE : *Le village de Spetzia, au nord-ouest de l'Italie, s'accroche au roc qui surplombe la Méditerranée.*

Les provinces de Toscane et d'Ombrie, aux collines vallonnées et couvertes de vignes, abritent ce qui représente pour nous l'essence de l'art de vivre dans la campagne italienne. La séduction du style toscan s'est affirmée bien au-delà de sa région, et même des frontières de l'Italie. Cet engouement s'explique par sa luxuriance qui sait demeurer simple. Les maisons sont grandes, pour garder la fraîcheur, avec de hauts plafonds aux poutres apparentes et des murs épais. Bien qu'elles soient carrelées de riches céramiques ou de marbres superbes, et agrémentées de terrasses qui invitent au farniente, les murs intérieurs sont couverts de plâtres rugueux et de peintures fanées par les années. C'est le style d'une région au climat tempéré. Le soleil, considéré comme un bienfait et non comme un fléau, pénètre dans les maisons à travers les lamelles des persiennes et dessine des raies sur les dalles en terre cuite dont il réveille les chaudes nuances. Par contraste, dans le sud aride, desséché par la chaleur, l'architecture semble écrasée sous la lumière ardente. Les maisons, ou *trulli*, sont d'un blanc éclatant. Elles éblouissent de toute leur masse aux formes arrondies que ne vient couper aucun balcon. Leurs fenêtres y sont si étroites qu'elles ressemblent à des meurtrières.

La maison toscane typique est basse, construite en pierre recouverte de stuc vieux rose ou ocre doré ; l'entrée est généralement flanquée de deux citronniers plantés dans des pots en terre cuite géants. Un toit de tuiles, également en terre cuite, offre les mêmes nuances que la terre des vignes en terrasses qui l'entourent et dont les raisins donnent le fameux Chianti. Édifiée sur la crête d'une colline, c'était à l'origine une ferme qui, dès les années cinquante, époque de la redistribution des terres agricoles, fut transformée en maison de campagne par une famille de la ville proche. Les bâtiments qui abritaient les animaux, autrefois séparés de la maison proprement dite, sont maintenant rattachés à l'habitation principale ; les anciens greniers à grain et les celliers à olives sont devenus les grandes pièces nues qui, aujourd'hui, caractérisent le style toscan.

À l'intérieur, les couleurs sont empruntées au paysage : terre de sienne brûlée – ainsi nommée en raison des collines de

À GAUCHE : *Dans l'Italie rurale, la religion joue un rôle très important : l'église du village est presque toujours le bâtiment le plus imposant. Cette grille s'élance vers le ciel comme les sombres cyprès de ce petit cimetière.*

PAGE CI-CONTRE : *Les collines de Toscane et d'Ombrie sont tapissées de vignes et ponctuées de cyprès ; de temps en temps, un groupe de maisons vient rompre leurs courbes régulières, comme le petit village de Labro, accroché au sommet de la colline (en haut).*

terre rouge qui' entourent Sienne –, terre cuite et ocre-jaune. Comme un appareil de chauffage à accumulation, ces couleurs sombres absorbent la chaleur ardente de la journée et la restituent après le coucher du soleil. Les teintes plus fraîches, dans les pièces destinées au repos, évoquent celles des herbes qui poussent en touffes sauvages dans la campagne toscane : le vert sombre du thym et le gris-bleu de la lavande. On utilise la couleur généreusement, non pas en petites touches dispersées, mais en couches de couleurs franches pour recouvrir murs et plafonds. Des taches isolées viennent parfois rompre ces nuances traditionnelles, provenant souvent de géraniums roses plantés dans des pots en terre cuite, de tomates achevant de mûrir dans un plat en olivier, de citrons ou encore d'olives gorgées d'huile dans un plat émaillé sur la table de la cuisine.

Si le paysage italien a une couleur, c'est bien celle de la terre cuite. L'influence de cette nuance, omniprésente dans le paysage de Toscane et d'Ombrie, est si forte que le style de ces régions supporte difficilement des teintes discordantes. Mais comme il réussit à transformer les objets les plus simples en véritables sculptures, il est finalement plus ouvert que la plupart des autres styles aux lignes contemporaines. Il peut parfaitement associer une lampe de bureau chromée à une vieille lampe-tempête, et s'accommoder d'une table à plateau de verre aussi bien que d'une autre en châtaignier.

Le mobilier traditionnel toscan est simple, mais dès qu'il est placé contre les vieux murs granuleux aux peintures craquelées, il prend un relief saisissant. La richesse de ce contraste transforme la chaise la plus ordinaire en une véritable œuvre d'art, ce qui risque parfois de donner un aspect théâtral à un élément de mobilier sophistiqué. Buffets et commodes en châtaignier de la région sont simplement cirés, mais tous les meubles ne sont pas laissés dans leur état naturel. La qualité inférieure de certains bois est dissimulée par *l'arte povera*, technique traditionnelle de peintures florales et de paysages finement exécutées à l'aquarelle qui tente de rivaliser avec les meubles cossus des riches maisons. Le fer forgé est largement utilisé dans la décoration et se plie en courbes gracieuses pour former une tête de lit ou une grille ouvragée devant les fenêtres. Les maisons toscanes comportent peu d'éléments construits sur mesure, à part quelques étagères ou petits placards aménagés dans le renfoncement d'un mur. La niche est d'ailleurs une idée moderne directement inspirée par l'épaisseur des vieux murs !

Tout le reste de l'ameublement est empreint de la même simplicité : les tissus sont plus souvent rayés que fleuris, et marient

*L'architecture des maisons de campagne italiennes emprunte parfois
des éléments au style classique noble, comme le marteau qui orne la
porte (en bas à droite), mais la rusticité et la simplicité des matériaux
et de la facture elle-même trahissent leurs origines rurales. Bois délavé,
pierres mal équarries et plâtres aux ocres fanés donnent aux constructions cet aspect unique.*

le jaune au bleu ou le rouge au vert, comme les bannières
médiévales. Les jetés de lit sont blanc cassé et de légers voiles –
ou, plus rarement, des rideaux – isolent le lit. Les teintes fanées
des murs se retrouvent parfois dans les tapisseries, sur des coussins ou oreillers brodés ou des kilims tissés à la main.

La taille généreuse de la maison toscane a donné naissance
à un style moins douillet que celui des cottages anglais et plus
rigoureux que celui des mas provençaux présentés auparavant.
Cet aspect guindé vient de ce que tout est rangé le long des
murs et ne couvre pas toute la surface des pièces. Cet aménagement, à l'origine pratique, est devenu l'une des caractéristiques de ce style : toutes les pièces communiquent entre elles

Terra cotta *est le nom italien pour désigner la terre cuite. Ce mot désigne les poteries non vernissées faites en terre de Toscane et leur couleur brun-rouge caractéristique. Ces urnes en terre cuite, sculptées dans la terre du pays, sont garnies de plantes, de fleurs colorées ou de citronniers aux feuilles vert vif qui ont poussé en pleine terre.*

et avec l'extérieur par de larges voûtes et des portes imposantes. C'est peut-être cet aspect un peu sévère qui lui a permis de s'adapter facilement aux appartements modernes, dans lesquels on peut recréer les mêmes contrastes, à plus petite échelle : un mobilier dépouillé dans un vaste espace.

Les pages suivantes présentent des intérieurs qui ont en commun d'avoir choisi cet art de vivre, comme cet appartement londonien où domine le style étrusque ou l'ancienne cure d'un village toscan aménagée en maison de campagne. Tous célèbrent la beauté de la terre cuite, des tons ocre des murs rugueux et des pièces dénudées, caractéristiques du style des maisons de campagne italiennes.

CETTE MAISON BASSE, PRÈS DE MONTALCHINO, EN TOSCANE, A ÉTÉ CONSTRUITE EN 1798 POUR LE CURÉ DU VILLAGE, NON LOIN DE L'ÉGLISE DU XVIe SIÈCLE. ELLE A ÉTÉ RÉNOVÉE UNIQUEMENT AVEC DES MATÉRIAUX DE LA RÉGION – MARBRE, CHÂTAIGNIER ET TERRE CUITE – PARCE QU'ILS FONT PARTIE DE L'ÂME DU PAYS.

LE JARDIN ET L'ENSEMBLE DES BÂTIMENTS ONT ÉTÉ CONÇUS DANS UN BUT UTILITAIRE ET NON DÉCORATIF – LE PRÊTRE ET SA MAISONNÉE VIVAIENT SUR LES PRODUITS DE SON LOPIN DE TERRE. DERRIÈRE LA MAISON, UNE GRANDE TABLE PAYSANNE EST RECOUVERTE DE PRODUITS LOCAUX. FAIRE LA CUISINE ET PRENDRE SES REPAS DEHORS EST UNE CONSTANTE DE LA VIE QUOTIDIENNE EN TOSCANE. À CÔTÉ D'UNE VIEILLE CHARRETTE, ON A RASSEMBLÉ DIFFÉRENTS OUTILS AGRICOLES D'ANTAN. CETTE COLLECTION A ÉTÉ RÉUNIE À PEU DE FRAIS, CAR LA PLUPART DE CES OBJETS ONT ÉTÉ RETROUVÉS AUTOUR DES BÂTIMENTS. LEUR PRÉSENCE, PRÈS DE LA TABLE, RAPPELLE QUE JADIS ON CONSOMMAIT DES ALIMENTS NATURELS, SANS LES SUPERMARCHÉS ET AUTRES INTERMÉDIAIRES.

Les trois photographies de ce salon italien, prises sous des angles différents, montrent un intéressant mélange de styles campagnards.

PAGE CI-CONTRE : *Une commode peinte, du XIXe siècle, et une simple chaise rustique, éléments classiques du mobilier campagnard, sont rehaussées par des chandeliers en cuivre et un bouquet de serpolet en fleurs.*

AU CENTRE À GAUCHE : *Les murs blancs et frais, le plafond au bois chaleureux et le sol en tomettes permettent un mariage parfait entre une petite table, une commode et une chaise de pays, du XIXe siècle, et un secrétaire anglais en acajou du XVIIIe.*

EN BAS À GAUCHE : *Ce grand tableau à l'huile n'a pas de cadre, pour mieux s'intégrer à la pièce. L'architecture affirmée des lieux assure la prédominance de l'âme toscane.*

Pour choisir les couleurs, il convient de s'inspirer des nuances douces et chaudes du paysage ; les teintes dures et brillantes de la ville paraîtraient, ici, déplacées.

À DROITE : *Le doux éclat des meubles cirés s'harmonise à la perfection avec le rouge du sol de brique usé sous le pas des générations. Le jeté de lit est indien. Les teintes naturelles ocrées des tissus du Tiers monde conviennent mieux que les couleurs vives des tissus teints chimiquement.*

CI-DESSUS : *Découvert tout rouillé dans une maison en ruine, ce lit du XIXᵉ siècle a été nettoyé et laqué en brun.*

LA RÉGION DE SIENNE A INSPIRÉ CETTE DÉCORATION DE STYLE TOSCAN. EN DÉPIT DE L'ATMOSPHÈRE TRÈS ITALIENNE, NOUS SOMMES EN RÉALITÉ DANS UN APPARTEMENT LONDONIEN.

CI-DESSOUS : *Les nuances rouges, vertes et jaunes du marbre de la table se retrouvent sur les fresques en trompe-l'œil des murs. La forme des chaises métalliques rappelle les meubles traditionnels italiens en fer forgé.*

PAGE CI-CONTRE : *Les couleurs ocre et terre cuite des murs et un mobilier élégant et capitonné introduisent, dans cette salle à manger, la lumière tamisée du soleil de Toscane. Sur le sol, de grandes dalles en terre cuite ont été vieillies avec de la poussière et recouvertes de plusieurs couches d'huile de lin.*

DANS LA CAMPAGNE ESPAGNOLE

Nous avons tous une image assez stéréotypée de la villa espagnole : une mini-citadelle, aux murs élevés et chaulés qui semblent palpiter sous la chaleur, écrasée sous un toit de tuiles rouges brûlées par le soleil. Un bougainvillée d'un rose presque électrique pousse à côté de la maison et rivalise d'éclat avec les volets bleu turquoise qui brillent au soleil. À travers les grilles ouvragées des fenêtres, on devine le sol dallé, les meubles en bois naturel et les poteries vernissées éclatantes. Cette image correspond, en fait, à ce que l'on appelle universellement la maison méditerranéenne, mais si l'on ajoute quelques détails, on obtient le style purement espagnol. L'architecture intérieure semble avoir été sculptée dans le plâtre, avec ses envols d'escaliers et ses voûtes aux formes élaborées. C'est le royaume des tentures, des rideaux et des paravents. Décoratifs et utiles, ils transforment les pièces souvent très vastes en une multitude de petits

recoins, agréables pour s'isoler. Les formes des motifs décoratifs sont simples, géométriques, mais leurs couleurs sont éclatantes. La maison espagnole s'écarte des styles européens pour se tourner vers l'Afrique, à seulement 35 kilomètres de sa côte sud, juste en face du détroit de Gibraltar. Son architecture aux lignes arrondies, la richesse de ses tentures et de leurs motifs sont autant d'éléments hérités des Maures – les tribus arabes, égyptiennes, berbères et syriennes qui envahirent l'Espagne au VIIe siècle et l'occupèrent pendant sept cents ans.

L'Andalousie, province du sud de l'Espagne, avait été la capitale – *al-Andalus* – du royaume mauresque en Espagne et son dernier bastion avant que les Maures ne cèdent la place aux

CI-DESSUS ET À GAUCHE : *Heredia, un village à flanc de coteau, près de Málaga, au sud de l'Espagne, a été construit selon les méthodes traditionnelles de construction de la région. Cette interprétation moderne du village espagnol s'oppose à l'atmosphère sans âme des réalisations contemporaines. Son style est inspiré de l'architecture séculaire de la région, reconnaissable par ses maisons aux couleurs éclatantes, blotties les unes contre les autres comme pour se protéger de l'ardeur du soleil (voir aussi pages 102-103).*

armées chrétiennes venues du nord. C'est dans cette région du sud que l'influence arabe sur le style des maisons espagnoles aura été la plus marquante, lui donnant ce cachet exotique si caractéristique. En espagnol, les mots «architecte» et «bâtisseur» sont d'origine arabe, tout comme ceux qui désignent l'alcôve, le portique et la terrasse. Le sud de l'Espagne est la région la plus fertile du pays, mais aussi celle des paysages les plus rudes où les palmiers et figuiers de Barbarie se mêlent aux orangers et aux citronniers. La classe rurale espagnole fut l'une des populations les plus pauvres d'Europe. Ce fut donc seulement chez les plus riches que ce style put se développer. Sans cesse, ils agrandissaient leurs fermes en annexant les terrains communaux pour constituer d'immenses propriétés. Les fermes étaient construites en terre enduite de plâtre ou plus rarement en pierre, avec des plafonds et quelques meubles en bois, matière difficile à trouver dans la région.

Le style du sud a été inspiré à la fois par cette terre sèche et brûlante et par les traditions sociales des envahisseurs arabes. De lourdes portes et des volets protègent les maisons du soleil et les femmes des regards indiscrets. De plus, à l'intérieur, des tentures et des rideaux les isolent des hommes et maintiennent les pièces dans la pénombre. Tout est conçu pour apporter fraîcheur et aération. Les sols sont carrelés et souvent aspergés d'eau pour lutter contre la chaleur et la poussière. La décoration a évolué au fil des siècles pour laisser pénétrer la lumière dans des pièces jadis presque totalement obscures. On sculpta sur les volets des motifs de plus en plus élaborés et de simples grilles ouvragées protégèrent les fenêtres, laissant l'intérieur des maisons baigner dans une lumière tamisée. Les murs en plâtre et les balustrades des escaliers furent sculptés de simples motifs géométriques.

La décoration d'intérieur est très différente en Espagne de ce qu'elle est en France ou en

PAGE CI-CONTRE : *Vue des toits de Heredia écrasés de soleil, avec leurs tuiles rondes et leurs cheminées de plâtre, typiques des villages du sud de la Méditerranée.*

CI-DESSUS : *L'influence mauresque sur cette région de l'Espagne se retrouve dans les volets et les grilles de ces maisons, qui affirment la préférence islamique pour des maisons fermées où les femmes demeurent dans l'intimité, à l'abri des regards.*

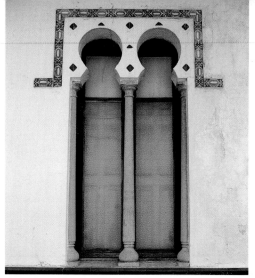

CI-DESSUS ET PAGE CI-CONTRE, DE GAUCHE À DROITE, EN HAUT : *Les fenêtres arborent un style exubérant d'inspiration arabe ou demeurent fidèles à la petite ouverture traditionnelle (troisième). Des grilles en fer forgé et des volets ajourés permettent de garder la fraîcheur et préservent l'intimité des pièces.*

Italie. Les meubles sont bas et le sol est l'objet d'une attention toute particulière : c'est la partie la plus fraîche des pièces et l'endroit où les femmes ont l'habitude de s'asseoir. Dans la civilisation arabe, seuls les hommes utilisent les chaises et les bancs ; les femmes s'installent confortablement par terre, sur des tapis, des coussins ou des *tarinas* – petites estrades recouvertes de tapis. La vie quotidienne se déroule dans l'unique grande pièce centrale, qui peut aussi bien être un espace fermé qu'une cour intérieure ouverte. Les chambres sont de simples alcôves ou des mezzanines donnant sur cette pièce. Les maisons traditionnelles ne possèdent généralement pas de salle à manger : on prend les repas sur de petites tables, installées dans la grande pièce principale, que des rideaux et des paravents divisent en plusieurs espaces. Aujourd'hui, dans les intérieurs modernes espagnols, la disposition des tapis et des rideaux illustre la survivance de cet art de vivre. On redécouvre la conception d'un espace principal divisé en différentes parties, et la cuisine est très souvent installée dans une alcôve ou simplement dissimulée dans un coin de la pièce par une tenture de couleurs vives.

On trouve, dans les maisons de campagne espagnoles, une surprenante profusion de motifs géométriques et d'éclatants contrastes de couleurs. Les décorations florales sont rares, à une exception près : la rose, emblème des Templiers et symbole de la reconquête chrétienne. C'est incontestablement le style mauresque qui l'emporte, avec ses figures géométriques – cercles et demi-cercles, étoiles à quatre branches, diamants, octogones et triangles, motifs que l'on retrouve dans le carrelage ou les formes dessinées par les lames du parquet. Le fameux arc arabe en fer à cheval s'impose aussi comme élément décoratif typique de l'influence mauresque. Ce goût pour les formes explique que les espaces blancs des murs servent à mettre en valeur des plats brillamment colorés, de délicates torchères en fer forgé et des braseros transformés en appliques murales, où l'on faisait brûler des noyaux d'olives quand les soirées étaient trop fraîches.

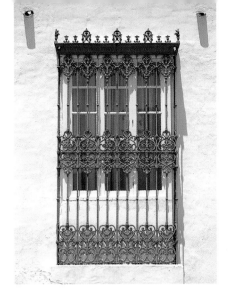  

CI-DESSUS, ET PAGE CI-CONTRE, DE GAUCHE À DROITE, EN BAS : *Les arti-sans locaux, influencés par le style mauresque qui répond au besoin d'intimité de l'islam, choisissent toujours des portes massives et des chambranles élaborés.*

Les couleurs sont celles du paysage. Le pourpre et le vert du poivre espagnol, mais aussi de la terre et des cyprès, se retrouveront par exemple dans le tissu à motifs des lambrequins qui couronnent un lit. Dans la salle à manger, ce sera une frise d'azulejos qui offrira un contraste éclatant avec le jaune acide des assiettes en faïence accrochées sur les murs blancs.

Le mobilier espagnol est d'une extrême simplicité : des divans servent de canapés, ou des bancs en pierre, maçonnés dans les murs, sont recouverts de carrelages aux teintes vives. Les chaises, étroites et carrées, en pin ou en if naturel, sont paillées. Le repas espagnol traditionnel, qui débute par une série de petits plats, les *tapas*, donne naissance à une profusion de tables et de buffets. La table basse moderne qui, le plus souvent, détonne dans les maisons de campagne françaises, trouve tout à fait sa place dans ce décor. De la même façon, la patine sombre de certains bois nobles comme l'acajou prend, devant la blancheur d'un mur badigeonné de chaux, un relief

parfaitement adapté à cet univers de contrastes forts. Mais c'est le *chiaroscuro*, jeu d'ombre et de lumière, qui est la caractéristique essentielle du style des maisons de campagne espagnoles. De même que l'on vend, pour les courses de taureaux, des tickets *sol* ou *sombra*, les maisons espagnoles ne font pas de compromis avec le soleil. Les couleurs espagnoles sont soit ardentes soit très fraîches. Le fond blanc est de rigueur avec le mobilier sombre, les tapis aux riches couleurs et les carrelages brillants et vernissés. Ce jeu de contrastes se poursuit dans les murs percés d'ouvertures, que masquent des volets finement ajourés en savants entrelacs, et dans des kilims qui réchauffent le carrelage lisse.

Le hasard géographique, qui a rattaché l'Espagne à l'Europe et l'a séparée de l'Afrique par une trentaine de kilomètres de mer seulement, a permis l'essor, dans le sud du pays, d'une architecture espagnole qui associe les styles méditerranéens et mauresques, l'aspect familier et exotique.

95

EL PARRERO, ANCIENNE MAISON DE VIGNERON, SERT DE REFUGE À SON PROPRIÉTAIRE QUAND IL VEUT FUIR L'ESPAGNE MODERNE. PLUS QU'UN SIMPLE HAVRE ROMANTIQUE, IL PERMET UN RETOUR À UNE VIE SIMPLE ET NATURELLE. LE PROPRIÉTAIRE N'Y A PAS INSTALLÉ L'ÉLECTRICITÉ : DES BOUGIES, UN RÉCHAUD À GAZ RUDIMENTAIRE ET UN POÊLE À BOIS FOURNISSENT LUMIÈRE ET CHAUFFAGE.

CI-DESSOUS ET À DROITE : *Des meubles de la région composent le sobre décor de la salle principale. Les murs sont peints en blanc pour éclairer cette pièce basse de plafond.*

CI-DESSUS : *Un sol de brique usé, un plafond aux poutres apparentes et des murs anciens, simplement badigeonnés d'ocre-rouge, constituent un cadre architectural simple et robuste qui, seul, convient au style campagnard. Sur les murs, sont suspendues des gravures de la conquête de l'Amérique du Sud par les Espagnols, souvenir d'un héritage colonial.*

À GAUCHE : *La maison, grâce à ses murs épais, est toujours fraîche même sous le soleil le plus ardent ; le soir, on doit même parfois allumer un feu de bois dans le poêle en fonte pour réchauffer l'atmosphère. Près de l'âtre, un tabouret rustique aux pieds en liège – le chêne liège est l'arbre de la région – supporte en plateau contenant les outils de travail du propriétaire, un artiste.*

Page ci-contre : *La disposition de cette cuisine, antithèse de la cuisine contemporaine, lui donne tout son charme. Un petit réchaud à gaz est disposé sur un placard fermé d'un rideau ; juste au-dessus, à portée de main, ont été accrochés les ustensiles les plus souvent utilisés.*

En bas à gauche : *La fabrication de produits maison – fromage, pâté, conserves, cornichons, vinaigre et autres délicieuses spécialités – est l'une des caractéristiques de la vie rurale commune à de nombreux pays. Ces grandes jarres en terre cuite contiennent des fromages de chèvre qui macèrent dans de l'huile d'olive, protégés par un carré de coton.*

En bas à droite : *La table de bistrot en marbre, du début du siècle, est encombrée de récipients et de paniers d'osier de fabrication locale ; ils contiennent les fruits et les légumes cueillis du matin.*

LE VILLAGE DE HEREDIA, AU SUD DE L'ESPAGNE, A ÉTÉ CONSTRUIT DANS LES ANNÉES QUATRE-VINGTS PAR L'ARCHITECTE PACO PARLADE. COMME PORTMERION, ÉDIFIÉ AU DÉBUT DU XXᴱ SIÈCLE, AU NORD DU PAYS DE GALLES, PAR WILLIAM CLOUGH ELLIS, OU SEASIDE, EN FLORIDE (VOIR PAGE 160) BÂTI DANS LES ANNÉES 1980, SA RÉALISATION A SURTOUT ÉTÉ GUIDÉE PAR UNE AMBITION : RECRÉER LA CONVIVIALITÉ ABSENTE DE LA PLU-PART DES RÉALISATIONS CONTEMPORAINES.

À DROITE : *Cette pièce est un excellent exemple de l'attention scrupuleuse que l'on a accordée aux moindres détails, créant un décor campagnard soigné, hors du temps malgré le cadre moderne. L'architecte a réalisé les volets et les barreaux en fer forgé, aussi pratiques que décoratifs. Il a même prévu une tringle pour accrocher des doubles rideaux devant la porte. Toute trace risquant de trahir la construction neuve a disparu grâce à des meubles en pin ciré, de pur style andalou du XIXᵉ siècle, et au sol carrelé de grandes dalles carrées, recouvert d'un tapis en fibre végétale aux motifs tissés, de couleur terre cuite.*

CI-DESSUS : *À l'extérieur de la maison, on retrouve les traditionnelles couleurs terre cuite et verte qui mettent remarquablement en valeur les meubles en bois blanchi par le soleil. La banquette est maçonnée dans le mur et rappelle l'influence de l'Afrique du Nord sur le style espagnol.*

À L'EXTRÊME DROITE : *La voûte caractéristique, les dalles carrées et un superbe placard andalou du XVIIIᵉ siècle suffisent à donner à cette entrée toute l'atmosphère des pays du sud de la Méditerranée.*

CETTE FINCA RUSTIQUE DU SUD DE L'ESPAGNE A ÉTÉ BÂTIE PAR DES TAILLEURS DE PIERRE, AU DÉBUT DU XIXᴱ SIÈCLE. ELLE A ÉTÉ COMPLÈTEMENT ABANDONNÉE PENDANT LA GUERRE CIVILE ET EST RESTÉE INTACTE. STEPHEN ANDREWS A AINSI EU LA CHANCE DE DÉCOUVRIR UNE MAISON DONT LES MOINDRES DÉTAILS SONT AUTHENTIQUES : FENÊTRES SANS CARREAUX, PROTÉGÉES PAR DES VOLETS EN BOIS, PORTES MASSIVES, PLAFOND AUX POUTRES MAL ÉQUARRIES ET TOIT DE TUILES.

À GAUCHE ET CI-DESSOUS : *Une fenêtre située au-dessus de la porte d'entrée éclaire les poutres du plafond de cette pièce aux murs chaulés. À l'exception du fauteuil Windsor anglais, les meubles sont espagnols et datent du XIXᵉ siècle. Tous les autres objets ont été rapportés de voyages à travers le monde et, étant tous de facture artisanale, ont parfaitement trouvé leur place ici.*

EN HAUT À DROITE : *Sur une table
à abattants du XIXᵉ siècle sont
disposés des boîtes, des pots et des
vases que domine une sculpture
du sud de l'Inde en bois peint,
également du XIXᵉ siècle.*

EN BAS À DROITE : *Une table et un
crucifix se partagent un coin de
la pièce avec un temple hindou
du Soleil (dans la petite niche)
et des œuvres d'art modernes –
une jardinière par Jo Lydia Cra-
ven et un petit tableau de Martin
Bloch. Sur le rebord de la fenêtre
est posée une poterie de Lucie
Rie. Une unique étagère, aux
supports de laquelle sont accrochés des chaînes et des pendentifs,
croule sous les livres de poésie lus
et relus et les bibelots.*

À GAUCHE : *Sur l'une des
marches de l'escalier peint en
blanc qui conduit aux chambres,
se dresse un vase en poterie artisanale, garni d'un bouquet de
fleurs de chardons. Sur un coffre
d'Afrique du Sud – un kis –, logé
sous la pente de l'escalier, est
posé un collage réalisé par le propriétaire. À côté, un petit tabouret supporte une pile de livres
anciens reliés en cuir.*

L'ARCHITECTE JAIME PARLADE A TRANSFORMÉ UNE SIMPLE FERME DU XIXE SIÈCLE – RECONSTRUITE APRÈS UN INCENDIE QUI L'AVAIT DÉTRUITE DANS LES ANNÉES CINQUANTE – EN UNE PROPRIÉTÉ INSPIRÉE DES TRADITION-NELLES DEMEURES FAMILIALES. ON Y ENTRE PAR UNE GRILLE EN FER FORGÉ QUI S'INTÈGRE DANS UNE STRUCTURE PLUS LARGE, ELLE AUSSI TRÈS TRA-VAILLÉE ET PEINTE EN BLANC.

CI-DESSOUS : *La petite grille s'ouvre sur une cour centrale au sol incrus-té de galets, entourée de jardinières où des daturas ploient sous les corolles en cornet de leurs fleurs roses et blanches.*

À DROITE : *Le style de cette terrasse trouve son origine dans la tradition mauresque espagnole, fruit de la rencontre entre l'Afrique et l'Europe. Le sol est recouvert de carreaux en terre cuite de la région, tandis que des colonnes grecques encadrent la vue sur Gibraltar et, au-delà, sur l'Afrique. Un simple divan d'osier est garni d'un matelas, de coussins et d'oreillers habillés de kilims et de couvertures africaines.*

Une véritable atmosphère espagnole règne dans la maison, qui possède quelques éléments d'inspiration mauresque.

CI-DESSUS : *La décoration d'une maison de campagne ne nécessite pas forcément le choix de meubles rustiques. Ici, des murs blancs et un sol dallé accueillent un mobilier élégant : un secrétaire du XVIIIe siècle, une bergère maure, des rideaux en cachemire, des kilims pastel, des tableaux espagnols aux teintes sombres et des faïences locales.*

EN HAUT : *Les lambrequins de style mauresque et les tentures murales vertes, blanches et marron font de ces lits jumeaux anglais à baldaquin du XVIIe siècle un parfait refuge pour les nuits espagnoles.*

CI-DESSUS : *Carreaux vernis ou naturels habillent cette banquette mauresque, construite sur le modèle de celles qu'on trouve en Afrique du Nord, dans les pièces d'habitation réservées aux hommes.*

EN HAUT : *Un secrétaire en noyer du début du XIXe siècle et un fauteuil moderne donnent un aspect confortable à ce bureau. La porte lambrissée et les volets sont typiquement espagnols.*

PAGE CI-CONTRE : *Ce hall d'entrée donne sur la cour intérieure (photographiée page 108). Une arche espagnole encadre la niche du vestiaire ; des carreaux en terre cuite posés en diagonale, des tableaux des XVIIIe et du XIXe siècles dans de superbes cadres dorés, de grands plats en faïence du XVIIIe siècle et une torchère du XVIIe, contribuent à créer une atmosphère typiquement espagnole.*

LA MAISON DE CHRISTOPHE GOLLUT, DÉCORATEUR D'INTÉRIEUR, EST LA COPIE EXACTE DU MUSEO DE COLON, AUX CANARIES, JADIS DEMEURE DE CHRISTOPHE COLOMB.

PAGE CI-CONTRE : *La traditionnelle cour intérieure, aux larges dalles en pierre, est à ciel ouvert ; ses murs bleus contrastent avec les arches en fausse pierre des portes. Des piliers en bois soutiennent le premier étage. Les grands chandeliers en cuivre torsadé sont du XIXe siècle. La sculpture de la balustrade de l'escalier qui mène à la terrasse suit le modèle traditionnel que l'on retrouve dans toute l'île. La table est également de facture locale. Il a suffi de garnir des fauteuils de metteur en scène avec de la tapisserie découpée dans un tapis arabe usé pour qu'ils se transforment comme par magie.*

CI-DESSOUS À GAUCHE : *Depuis des siècles, les habitants des Canaries filtrent leur eau dans une* pila, *urne creusée dans une épaisse pierre poreuse, comme celle que l'on voit ici dans la niche, bleue comme les murs de la cour intérieure. Un robinet, placé juste au-dessus, permet de la remplir ; on récupère ensuite l'eau potable qui suinte de la pierre dans des bouteilles de vin en verre givré, qui la conservent jusqu'à ce qu'on l'utilise pour la cuisine ou pour boire.*

CI-DESSOUS À DROITE : *Une poterie artisanale et une lanterne marocaine, achetées au marché voisin, garnissent une encoignure vide.*

CI-DESSOUS À GAUCHE : *Les murs du hall d'entrée, décorés de fausses dalles en pierre fissurées, célèbrent l'art du trompe-l'œil. Défiant tout progrès technique, la cloche d'entrée, au-dessus de la porte verte à double battant, est actionnée de l'extérieur grâce à un cordon.*

PAGE CI-CONTRE : *Dans le hall, une porte vitrée à deux battants, protégée par de simples rideaux de coton à carreaux, s'ouvre sur une chambre d'amis.*

CI-DESSOUS À DROITE : *Une console du XIXe siècle, flanquée de deux chaises, fait face, sur le palier de l'étage supérieur, à une petite fenêtre qui donne sur la cour aux murs bleus.*

DANS
LA CAMPAGNE
SUÉDOISE

Lorsqu'on parle d'art de vivre à la campagne en Scandinavie, on pense aussitôt aux fermes suédoises. Les habitants de ces régions sont parmi les plus isolés d'Europe ; ils sont séparés du reste du monde par de vastes étendues de lacs et de forêts et par les rigueurs extrêmes des hivers interminables.

Les premiers pionniers américains n'auraient pas été déconcertés par l'aspect de ces fermes qui sont entièrement construites en bois. Ce matériau est omniprésent, que ce soit à l'extérieur avec les toits en bardeaux ou en rondins, ou à l'intérieur, des plafonds à chevrons aux planchers de bois clair. Les couleurs – sang-de-bœuf, bleu foncé et vert d'eau – sont celles que l'on utilise en Nouvelle-Angleterre. Quant aux meubles, ils sont souvent sculptés et décorés de motifs folkloriques très appréciés des Hollandais de Pennsylvanie. Plus grandes que les maisons des colons américains, les fermes scandinaves abritent deux générations et peuvent même accueillir les membres de la famille qui viennent parfois de très loin participer aux fêtes locales. Les maisons ont donc souvent un étage et des chambres sous le toit. Dans

les campagnes scandinaves, on accorde beaucoup d'importance aux changements de saison. Certaines propriétés ont deux habitations, l'une pour l'hiver et l'autre pour l'été. Cette dernière est en général située près des pâturages et toute la maisonnée s'y installe dès les premiers beaux jours. Dans d'autres fermes, on passe la journée dans des dépendances de construction plus légère aux toits de tuiles qui gardent la fraîcheur.

La Scandinavie a beau être isolée, elle demeure profondément attachée à la culture et au style européen. Depuis le XVIIᵉ siècle, elle entretient avec la France des liens très étroits qui

CI-DESSUS ET À GAUCHE : *La forme des maisons a été façonnée par les rigueurs du climat et la géographie du pays. Les immenses forêts qui procurent les matériaux de construction (et le combustible pour lutter contre le froid), contribuent aussi à isoler les petites communautés rurales. Les fermes se sont installées dans les espaces dégagés et ont dû se suffire à elles-mêmes. Habitations et mobilier ont été fabriqués par des artisans, à partir des matériaux naturels de la région.*

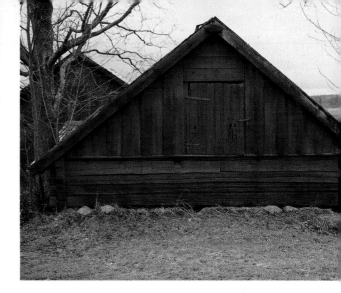

CI-DESSUS ET PAGE CI-CONTRE, DE GAUCHE À DROITE, EN HAUT : *En Scandinavie, le bois est si abondant qu'on s'en sert pour construire les maisons, grandes ou petites. Les toits, très pentus, sont en surplomb, évitant ainsi l'accumulation des couches de neige. La plupart sont faits d'écorce de bouleau recouverte d'une couche de tourbe. Ce matériau change avec les saisons et, l'été, les toits se couvrent de verdure. Il n'est pas rare de voir le bétail brouter les toits.*

sont apparus lorsque le roi Gustave III décida d'envoyer ses artistes à Paris pour étudier les styles rococo et néo-classique. Cette idylle fut en quelque sorte consacrée par un mariage quand Jean-Baptiste Jules Bernadotte, maréchal de Napoléon, devint roi de Suède en 1818. L'influence française, adoptée dans les maisons nobles, s'introduisit lentement dans les fermes mais y demeura bien longtemps après l'adoption par l'aristocratie d'autres modes apportées par le XIXᵉ siècle.

L'influence française dans les campagnes suédoises a donné naissance à un art de vivre qui allie la simplicité et le goût pour la décoration. Le style rococo finit par atteindre les fermes les plus isolées, grâce aux artistes ambulants. Quand ceux-ci arrivaient dans un village, les paysans leur demandaient de peindre des guirlandes de fleurs et de fruits sur l'armoire familiale ou le mur face à la cheminée. Au XIXᵉ siècle, grâce au commerce du bois de construction, l'économie devint prospère dans les campagnes et les fermiers purent embellir leurs maisons. Les propriétaires les plus riches firent venir des artistes peintres et leur demandèrent de décorer leurs murs comme si des tableaux y étaient accrochés. La vogue citadine pour les meubles de salle à manger se répandit à la campagne. Les traditionnels tabourets à trois pieds, stables même sur les sols inégaux, furent regroupés autour de la cheminée et les meubles plus grands répartis autour de la pièce. Les banquettes fixées aux murs disparurent au profit de jolies chaises, presque toutes fabriquées par les artisans locaux qui

CI-DESSUS ET PAGE CI-CONTRE, DE GAUCHE À DROITE, EN BAS : *Les maisons scandinaves doivent être protégées du froid extrême des hivers nordiques. Pendant la journée, les épais murs de rondins absorbent la chaleur des poêles et la restituent la nuit. Les rondins sont soigneusement taillés pour assurer un assemblage hermétique ; s'il reste des interstices, ils sont bouchés avec de la mousse ou de la tourbe. Les fenêtres, toujours orientées vers le sud, sont petites et leur cadre très ajusté pour éviter de laisser passer les courants d'air froid.*

s'inspiraient des formes néo-classiques très populaires en France, comme la chaise grecque *klimos*, au dossier arrondi et aux pieds fuselés.

Les apports du style français ne firent pas pour autant disparaître les meubles traditionnels, mais ils les complétèrent. Le sobre mobilier classique survécut car il était encastré dans les murs et avait été conçu pour gagner de la place, surtout autour du feu. Les chaises traditionnelles ont des dossiers pliants ou un large siège, pouvant ainsi être utilisées en guise de petites tables pour dîner au coin du feu. Certaines sont même équipées d'une boîte de rangement fixée sous le siège. Les placards et les lits étaient construits dans le renfoncement des murs. On savait utiliser les moindres recoins pour y installer le poêle, des placards ou des assiettes rangées sur des dressoirs. Les étains et les cuivres témoignaient de l'opulence de la maison et les objets en bois sculpté de la longueur des soirées. Ces bibelots, tout comme les horloges comtoises, étaient fabriqués à la ferme, pendant les longues soirées d'hiver et permettaient d'améliorer les revenus de la famille.

Reflet de la rigueur des saisons nordiques, de l'isolement géographique et de l'influence française, le style scandinave est un style de contrastes. Il s'exprime aussi bien à travers la grâce d'une chaise rococo que dans la robustesse d'un tabouret tripode, dans les délicates peintures d'une armoire ou dans un simple buffet en pin naturel. Il sera sombre et lumineux, éclatant et naturel, estival et hivernal tout à la fois.

LA FERME DE MORA A ÉTÉ CONSTRUITE DANS UNE RÉGION PRESQUE INHABITÉE, DE FORÊTS, DE MONTAGNES, DE MARÉCAGES ET DE PETITS LACS. QUAND LES TERRES ARABLES MANQUENT, LA FORÊT DEVIENT UNE IMPORTANTE SOURCE DE REVENUS. UNE RICHE TRADITION ARTISANALE S'Y EST DÉVELOPPÉE, EN PARTICULIER LA SCULPTURE DES PETITS OBJETS ET DES HORLOGES COMTOISES QUE L'ON APPELAIT TOUJOURS HORLOGES DE MORA, BIEN QUE SEULS LES CADRANS FUSSENT FABRIQUÉS À MORA – LES MEUBLES ÉTANT MONTÉS ET PEINTS AILLEURS.

PAGE CI-CONTRE EN HAUT : *Devant ces lits superposés, encastrés dans le mur et décorés de rideaux en laine tissée, des sièges servent également de coffres de rangement.*

PAGE CI-CONTRE EN BAS : *Des vaisseliers suspendus exposent les plus belles assiettes de la maison.*

À DROITE : *Un placard a été aménagé dans ce lit du XIXe siècle, peint et sculpté.*

LA MAISON DE LARS OLSSON, À VAKSALA, EN SUÈDE, SE COMPOSE D'UNE DÉPENDANCE AMÉNAGÉE DANS UN PETIT HANGAR ET UN MOULIN, CONSTRUIT VERS 1800, ET D'UNE MAISON PRINCIPALE DATANT DE LA FIN DU XVIIIᵉ SIÈCLE. AVANT 1800, TOUTES LES MAISONS DE LA CAMPAGNE SUÉDOISE ÉTAIENT EN BOIS NATUREL, MAIS À PARTIR DU MILIEU DU XIXᵉ SIÈCLE, LA MODE DES MURS PEINTS SE GÉNÉRALISA, LES TEINTES DE RIGUEUR ÉTANT LE ROUGE, LE JAUNE ET LE GRIS.

PAGE CI-CONTRE : *Cette salle à manger est décorée de meubles rustiques suédois : des chaises de ferme du début du XIXᵉ siècle, un petit buffet haut sur pieds et, au-dessus, un placard mural jadis peint, de la fin du XVIIIᵉ.*

CI-DESSOUS : *Un tabouret à traire en pin, du XIXᵉ siècle, est posé devant la cheminée. Le grand récipient en bois, à gauche, dans lequel sont rangées les bûches, contenait autrefois du blé.*

EN HAUT À DROITE :
*Un pupitre en pin, du
début du XIXe siècle,
et une chaise pivotan-
te du milieu du XIXe
siècle voisinent avec
une armoire suédoise
peinte très précieuse,
datant de 1762. En
effet, les armoires
peintes étaient tradi-
tionnelles dans les
hautes terres, mais
malheureusement,
dans les années
soixante, elles ont été
décapées en si grand
nombre qu'il est deve-
nu aujourd'hui très
difficile d'en trouver
avec la peinture
d'origine intacte. La
boîte peinte et sculp-
tée posée sur le
bureau date de 1776.*

EN BAS À DROITE : *À
l'origine, cette partie
de la maison servait
de réserve à grain et
était très basse de pla-
fond. Lars Olsson a
élevé les murs de 60
centimètres. Juste au-
dessus de la fenêtre
neuve, on devine
l'emplacement des
anciennes poutres.
Pour harmoniser le
bois récent de la
fenêtre avec les murs
anciens, son cadre a
été peint puis décapé
de façon à laisser
apparaître quelques
traces de peinture.
Sous la fenêtre, un
buffet peint du XIXe
siècle s'harmonise
avec le reste du mobi-
lier.*

PAGE CI-CONTRE : *Ce
très beau buffet sué-
dois en pin date de
1774 ; il occupe, dans
la cuisine, la place
d'honneur et une
décoration florale
orne ses portes. Sa
taille imposante
s'accorde avec la
robuste table à tré-
teaux du XIXe siècle,
elle aussi en pin,
entourée de simples
chaises de ferme de la
même époque, gros-
sièrement peintes. Les
jattes en bois, sur la
table, ont été fabri-
quées aux XVIIIe et
XIXe siècles et sont
représentatives des
objets sculptés à la
maison.*

La maison de Lars Sjoberg à Odenslunda a été reconstruite en 1770 après avoir été détruite par un incendie à la fin du XVIIe siècle. Lars s'est livré à de scrupuleuses recherches pour rendre à la maison son aspect du XVIIIe. Les peintures endommagées n'ont pas été retouchées, alors que d'autres ont été volontairement vieillies pour parfaire l'impression d'authenticité de la maison ; mais il est intéressant de penser qu'au moment de la reconstruction en 1770, les peintures avaient forcément l'air neuf. Il règne à Odenslunda une atmosphère chaleureuse, amicale et naturelle.

En haut, à droite : *À côté d'un poêle de Stockholm du XVIIIe siècle, qui a conservé ses carreaux d'origine, une console, également du XVIIIe siècle, porte encore quelques traces de la peinture qui la décorait.*

À l'extrême droite : *Les rideaux de la fenêtre et du dais du lit de style gustavien ont été imprimés à la main d'après un motif d'époque. Les chaises rococo datent de 1770.*

En bas à droite : *Un poêle du XIXe siècle, très simple, chauffe la chambre. Les moulures des murs sont soulignées en bleu, comme à l'époque gustavienne.*

À DROITE : *Le vert et le jaune, couleurs qui égayent la grisaille hivernale, ont été choisies pour la tapisserie du fauteuil gustavien et du canapé peint du XVIIIe siècle.*

CI-DESSUS : *Dans le hall, Lars a soigneusement conservé les traces de la peinture d'origine, découverte sous plusieurs épaisseurs de papier. Les portes ont été volontairement décapées jusqu'à la couche de peinture du XVIIIe siècle puis laissées telles quelles.*

DANS LA CAMPAGNE AMÉRICAINE

En 1850, un architecte américain, A.J. Downing, comparant l'un de ses plans de construction d'une ferme typiquement américaine à celui d'une ferme de style anglais, écrivait : «On sent un peu plus de liberté et un peu moins d'humilité, sans doute parce que les étages sont plus hauts et que, d'une façon générale, tous les éléments, des fondations jusqu'aux combles, ont des proportions plus généreuses. Cela devrait plaire aux fermiers américains, – ajoutait-il – ils sont

tellement épris de liberté qu'ils se sentent inconsciemment attirés par tout ce qui l'évoque.» Pour les Américains, vivre à la campagne, c'est mener une vie libre et autonome. Rien d'étonnant donc à ce que le style créé par les pionniers du XVIIᵉ siècle – lorsqu'ils bâtirent leurs foyers sur le littoral atlantique américain loin de leur pays natal – les séduise. L'indépendance n'est pas uniquement celle de l'Amérique mais celle de chaque communauté. Si certaines d'entre elles se sont fermées au monde extérieur en raison de leurs croyances religieuses, d'autres ont vécu à l'écart car le monde extérieur leur était hostile ou leur territoire peu facile d'accès.

Cet isolement a produit une grande variété de styles régionaux, des fermes de l'Ohio construites dans les immenses plaines du Middle West au cottage du Cape Cod surplombant la mer, au sud du Massachusetts. Cet art de vivre dans la campagne américaine englobe également les maisons des Shakers, des Amish, des Hollandais de Pennsylvanie et de Nouvelle-Angleterre, et même les cabanes en rondins des monts Adi-

À DROITE ET CI-DESSUS : *Le style américain s'est développé à partir d'apports indiens, mêlé à un riche courant de traditions et d'art artisanal importé d'Europe par les premiers colons. Ces différentes influences, les unes très anciennes et les autres plus récentes, se trouvèrent assez intimement mêlées pour produire un style typiquement américain malgré ses racines étrangères. D'une côte à l'autre, les premiers colons construisirent leurs maisons avec des matériaux locaux, c'est-à-dire le bois, très abondant sur ce nouveau continent.*

rondacks, au nord-est de l'État de New York qui, en dépit de leur aspect rustique, ne sont pas d'authentiques maisons rurales et ont seulement été inspirées par le paysage. Créées à la fin du siècle dernier, elles servaient, durant les week-ends, de villégiature aux New-Yorkais aisés. Pour les décorer, les architectes d'intérieur ont copié les meubles des vraies cabanes en rondins : un simple assemblage de branches sommairement taillées et de rameaux ployés. Le souci de fidélité est tel que le résultat obtenu paraît exagérément rustique.

Ces différents styles américains ont cependant un point commun : l'utilisation abondante du bois. On trouve toutes les variétés possibles : le cèdre blanc des rivages de l'Atlantique, le cyprès du Sud, ou encore le cerisier, le noyer blanc, l'érable et l'orme. Le bois de construction était taillé grossièrement – on fendait les rondins en larges planches pour faire les planchers dits «en tonneau» : le côté plat devenait le sol d'une pièce et le côté rond le plafond de la pièce du dessous. Mais à mesure que les outils et le savoir se développaient, le bois atteignait une plus grande finesse ; tourné, aplani, poli et chantourné, il permit de construire des meubles dont la décoration contrastait parfois de façon surprenante avec la sévérité des pièces qui les accueillaient. Dans les maisons, le bois introduisait des surfaces qu'on pouvait peindre de couleurs intenses comme le vert bouteille, le bleu canard et le rouge brique. On savait choisir les teintes qui se mettaient mutuellement en valeur. L'abondance de bois et la peinture peu coûteuse – on la fabriquait à la maison avec du lait et des pigments – ont encouragé ce traitement géométrique de la couleur, typique des intérieurs rustiques américains.

Comme tous les fermiers du monde, les pionniers ont construit leurs maisons avec des matériaux locaux, mais chacun se référait à son héritage culturel. Les Hollandais et les Allemands s'installèrent en Pennsylvanie et cherchèrent les matériaux qui leur permettraient de recréer les objets traditionnels de leur vie quotidienne. En forgeant le fer artisanalement, ils réussirent à façonner les mêmes ferrures décoratives qui ornaient leurs maisons ou les dessous-de-plat qu'ils utilisaient pour protéger les tables. Ils découpaient dans le fer blanc, bon marché et malléable, des cœurs ou des oiseaux et le transformaient également en plaques percées de petits trous, fixées ensuite sur les portes des placards à provisions pour en assurer l'aération. La technique du pochoir leur permit d'imiter, à peu de frais, les intérieurs richement meublés des maisons bourgeoises de leurs pays en décorant les fau-

PAGE CI-CONTRE, EN HAUT À GAUCHE : *Cette humble cabane est une maison de pionnier typique. La hauteur des arbres environnants, et par conséquent la longueur de leur tronc, fixaient les dimensions de l'habitation. Celle-ci était souvent dépourvue de fenêtre mais des interstices entre les rondins laissaient passer l'air frais et la lumière, l'été ; l'hiver, on les calfeutrait avec de la boue.*

AU CENTRE À GAUCHE : *Une maison amish.*

EN BAS À GAUCHE : *Un champ de coton entoure cette cabane de colon, dans le Sud.*

PAGE CI-CONTRE À DROITE : *Une ferme de Dekalb, près d'Atlanta.*

EN HAUT À DROITE : *Une ancienne grange en Nouvelle-Angleterre.*

AU CENTRE À DROITE : *Ces maisons en bois de Madison, en Géorgie, servaient autrefois à loger les esclaves.*

EN BAS À DROITE : *Une maison amish, au milieu des hêtres et des peupliers qui fournissent le combustible à portée de main pour l'hiver.*

teuils, les commodes, les murs et les sols. Pour recréer leurs tissus traditionnels aux couleurs éclatantes, ils cousaient, sur des couvertures tissées à la main, des pièces multicolores et composaient les chatoyants jeux de couleurs des *quilts*.

Le style de décoration des maisons de la Nouvelle-Angleterre, sur la côte Est, était plus discret. Ses origines se devinaient à ses tendres nuances importées d'Angleterre et à la petitesse des lopins de terre, attribués dans les limites de la concession achetée par la Couronne britannique. Les clôtures de piquets blancs fixaient les limites entre le nouveau domaine d'un pionnier et celui de son voisin. Le cottage classique de Cape Cod a été construit sur le modèle du cottage anglais : des murs en pierre, une unique grande pièce et des chambres mansardées éclairées de petites fenêtres. Cette architecture de base se modifia sous l'influence du climat marin de la côte Est. Les habitants prolongèrent l'une des pentes du toit presque jusqu'au sol, formant ainsi ce qu'on a appelé la *saltbox house* («boîte à sel»), efficace protection contre les vents du nord. Il fallut aussi que les pionniers apprennent à remplacer la pierre et la glaise par le cèdre blanc de l'Atlantique, dont ils taillèrent des bardeaux pour couvrir les toits et habiller les façades. Patiné par l'air marin, le bois de ces maisons prit rapidement toutes les nuances du gris.

À l'intérieur, on retrouvait toute la délicatesse des couleurs des paysages anglais. Les murs de planches étaient peints en beige, crème ou gris-vert – teintes dont la douceur venait du lait, élément de base de leur composition. Quand les vents du nord eurent laissé leur empreinte, on vit surgir des coloris plus chauds comme le rouge sang-de-bœuf, obtenu avec de la rouille. Le mobilier des pionniers se composait à la fois de ce qui avait été nécessaire à leur voyage – comme les malles-cabines pour ranger les couvertures et la vaisselle – et de meubles fabriqués après leur arrivée. Ils leur donnèrent des lignes familières ; les Anglais fabriquèrent de vrais fauteuils Windsor à dos incurvé, les Hollandais et les Allemands reproduisirent les grandes armoires de leurs pays natals.

Si les pionniers de la Nouvelle-Angleterre s'efforçaient de conserver la chaleur, ceux du Sud cherchaient à s'en protéger. La maison de campagne typique du Sud est une grande construction de bois, éclatante de blancheur et prolongée par une superbe véranda, que le film *Autant en emporte le vent* devait rendre célèbre. Même si elle donne l'impression d'avoir été construite pour être imposante, elle n'était en fait, à l'origine, qu'une modeste ferme qui s'agrandit au fil des générations.

Plus qu'aucun autre matériau, le bois caractérise l'art de vivre dans la campagne américaine, de la cabane en rondins du Nord et du Middle West aux maisons de bardeaux et aux clôtures en piquets des rivages de l'Est. Les vastes forêts ont fourni du bois à profusion – sapin, frêne, bouleau et érable – pour construire, meubler et chauffer ces maisons. La peinture, qui servait à protéger les bâtiments et les clôtures des intempéries, était fabriquée à partir de caséine colorée avec des pigments naturels, de la terre locale ou des baies (voir page 210).

Comme les grands domaines anglais, les plantations américaines constituèrent le centre de la vie quotidienne des communautés rurales environnantes ; elles favorisèrent, à travers tout le Sud, l'expansion d'un style caractérisé par des porches accueillants, des toits en fer blanc qui protègent de la chaleur et de grandes pièces largement ouvertes, aux sols clairs et brillants comme des miroirs.

Peu à peu, on vit aussi le mobilier des riches propriétés du Sud copié dans les campagnes. Ces meubles arrivaient d'Angleterre dans les soutes des bateaux de commerce, venus chercher en Amérique des cargaisons de tabac et de blé. Petit à petit, les modestes maisons de la campagne sudiste se meublèrent, aux XVIIIe et XIXe siècles, de versions rustiques des styles géorgiens Chippendale et Hepplewhite. Suivant le même itinéraire, les meubles fabriqués pour les navires, comme les légères chaises en rotin destinées aux bateaux à vapeur, pénétrèrent également dans les intérieurs. Ces meubles complétaient un mobilier américain plus simple, comme le rocking-chair, inventé au XIXe siècle pour bercer les Américains du Sud et les endormir par les chauds après-midi d'été.

Ce sont en fait les intérieurs des petites communautés religieuses qui ont inspiré le style le plus apprécié de tous les styles rustiques américains. La foi austère et stricte des Amish, des Shakers et des Quakers, qui gouvernait leur maison comme elle gouvernait leur cœur, a donné naissance à un style si dépouillé qu'il en revêt un caractère presque moderne. Les intérieurs shakers devaient pouvoir se transformer en lieux de réunion ; il n'était donc pas question de les encombrer de meubles ou d'objets inutiles ; les petits objets étaient rangés dans des boîtes en bois rondes et peintes de couleurs vives : rouge, bleu, jaune et vert, selon un code qui permettait d'identifier leur contenu sans avoir besoin de les ouvrir. Placards et tiroirs étaient encastrés dans les murs et certains sièges en bois, grâce à des charnières, se transformaient en petites tables. Les chaises à dossier à barreaux, robustes et légères, pouvaient être suspendues, tout autour d'une pièce, à des crochets fixés sur des planches. L'ingénieux aménagement des intérieurs shakers constitue aujourd'hui la caractéristique essentielle du style campagnard américain.

LA MAISON DE TULLIE SMITH, QUI DATE DE 1840, EST UNE FERME DE PLANTEUR TOUTE SIMPLE, AVEC SA VÉRANDA CARACTÉRISTIQUE DES MAISONS DU SUD. SITUÉE À ATLANTA, ELLE EST PROTÉGÉE PAR LA SOCIÉTÉ HISTORIQUE DE LA VILLE.

À DROITE : *Cette salle était la pièce centrale de la maison : elle est aménagée de meubles du XIXe siècle, peints et décapés, qui viennent du sud du pays ; la table et les chaises ne conservent que quelques traces de leur peinture d'origine. Les portes ouvertes du buffet d'angle, du XVIIIe siècle, permettent d'admirer la vaisselle en faïence, décorée de scènes de la vie américaine.*

À GAUCHE ET EN HAUT À DROITE : *Ce dessus-de-lit matelassé, décoré de motifs «en plumes de dinde», recouvre un matelas de paille et deux matelas de plumes posés sur un «sommier» de cordes que l'on tend en tournant des chevilles. La forme du bois de lit est traditionnelle en Amérique. La peinture des meubles a été obtenue en mélangeant de la caséine et de la terre glaise de Géorgie.*

AU CENTRE À DROITE : *Cette maison, typique d'un intérieur de colon, est très simplement décorée, manifestant un goût pour l'économie et un sens de l'utile. Des vêtements sont accrochés à des patères au-dessus d'un grand coffre à couvertures peint en vert.*

EN BAS À DROITE : *Cette armoire à linge du XIXe siècle a été teintée puis veinée et granulée alors que la peinture était encore humide.*

JIM ET LIZ CHERRY ONT TROUVÉ CETTE FERME AMISH DE 1737 DANS LE COMTÉ DE LANCASTER ET L'ONT TRANSPORTÉE DANS LE SUPERBE SITE DU COMTÉ DE CHESTER, PRÈS DE FRENCH CREEK, EN PENNSYLVANIE. À LA DIFFÉRENCE DES CABANES EN RONDINS DES PREMIERS COLONS, CONSTRUITES DANS LA VALLÉE DU DELAWARE AU COURS DES ANNÉES 1660 PAR LES IMMIGRANTS SUÉDOIS, CETTE MAISON A DE VÉRITABLES FONDATIONS ; L'ARRIERE A ÉTÉ SURÉLEVÉ POUR COMPENSER LA PENTE DU TERRAIN.

À DROITE : *Dans cette maison de quatre pièces, la grande salle sert à la fois de cuisine, de salon et de salle à manger. L'espace réservé au salon est meublé d'une table de café en pin doré qui date du milieu du XVIIIe siècle. Son plateau est constitué de deux planches ; les deux chaises de 1830, à dossiers à barreaux, ont conservé leur peinture marron d'origine. Ces meubles proviennent de la vallée de Shenandoah, en Virginie. Le canapé, de style Chippendale, est récent ; il est recouvert d'un tissu à carreaux bleu porcelaine de Delft.*

CI-DESSUS : *Cette pièce dégage une atmosphère de l'Amérique d'autrefois. Des herbes et des fleurs sèchent, suspendues à une poutre du plafond par une baguette de noisetier. Sur l'un des murs en pierre de la cheminée, est accrochée une très belle collection d'ustensiles de cuisine et de récipients anciens – qui ont très peu évolué au cours des siècles. À droite, Jim a aménagé une petite fenêtre, tout près du foyer, pour mieux éclairer cette partie de la pièce. Entre l'âtre et la fenêtre, un fauteuil à bascule en érable, à barreaux plats, datant de 1790, révèle l'influence shaker. Les pieds avant, terminés par des boules en forme de champignon, sont taillés dans un seul morceau de bois. Au premier plan, une table ronde en sapin des années 1800 complète le mobilier. C'est une table-siège du New Hampshire : elle pivote et se rabat pour devenir fauteuil. Sa peinture rouge d'origine est tellement usée qu'il n'en reste plus que quelques traces dans les fentes et les nœuds du bois. Au-dessus de la table, la copie d'un lustre ancien en fer blanc a été réalisée par un artisan ferblantier.*

À GAUCHE : *Les cloisons en planches s'harmonisent particulièrement bien aux meubles peints. Le «placard à pâtés», accroché au mur, date d'environ 1750 et provient de Pennsylvanie. En dessous, un buffet-évier en peuplier à dessus ouvrant, du début du XIXᵉ siècle, a été badigeonné de peinture au lait, il y a très longtemps. Cette peinture, aujourd'hui usée, ne se distingue plus que dans les fentes et le grain du bois. Beaucoup d'amoureux du passé essaient de reproduire cet aspect usé. Pour obtenir un résultat satisfaisant, il faut observer avec beaucoup d'attention une peinture d'époque pour comprendre comment le temps travaille sur les revêtements anciens.*

PAGE CI-CONTRE : *Les murs rouge chaud de cette entrée mettent en valeur de simples objets : un chaise peinte du XIXᵉ siècle, un seau en bois et un fer à repasser ; le parquet est rehaussé d'un tapis en lirette multicolore. Une chemise écossaise, un blouson en jean et un chapeau de paille, tenue traditionnelle des fermiers américains, sont accrochés aux patères fixées à côté de la porte.*

EN HAUT À DROITE : *Cette belle comtoise de Pennsylvanie, en pin et cerisier, a été raccourcie jadis, pour tenir dans l'emplacement prévu. Elle est signée Abraham Birkey, de Norristown (dans le comté de Montgomery), et date de 1810. À côté, on devine une porte de placard, découpée dans les lambris.*

EN BAS À DROITE: *La chambre du maître de maison a été installée dans une pièce à colombages, ajoutée à la maison d'origine. Poutres et boiseries sont peintes en gris-vert, couleur très reposante. Le plancher en sapin a une teinte chaleureuse et est recouvert de quelques tapis du XIXᵉ siècle en lirette. L'élément central de la pièce est le lit à baldaquin, en érable datant du XIXᵉ siècle. Ce n'est pas un meuble de campagne, mais il vient d'une maison de la ville et a été donné, comme beaucoup des meubles que l'on trouve dans les maisons de campagne américaines. Les draperies blanches et ocre sont passepoilées de rouge pour rappeler les couleurs du jeté de lit nuptial. Confectionné pour célébrer un mariage, il porte, joliment brodés, la date de la cérémonie et le nom des mariés : John Kachel et Elizabeth Seidal, 1851. À gauche du lit, il reste juste assez de place pour une étroite table de chevet en érable, du début du XIXᵉ siècle. Par la porte ouverte, on aperçoit une chaise à dossier à barres horizontales qui a conservé sa peinture marron d'origine ; elle date de 1830 et provient de la vallée de Shenandoah, en Virginie.*

BULL COTTAGE, À BLUE MOUN-
TAIN LAKE, DÉPEND DU MUSÉE
D'ADIRONDACKS. À LA FIN DU XIXᵉ
SIÈCLE, EN RÉACTION À L'URBANISA-
TION, UN MOUVEMENT DE RETOUR
À LA NATURE, NÉ DE LA NOSTALGIE
DE L'ÉPOQUE DES PIONNIERS, EST
APPARU AUX ÉTATS-UNIS. IL
ENCOURAGEA ET INFLUENÇA LE
DÉVELOPPEMENT DES CHALETS
D'ÉTÉ DANS LES MONTS ADIRON-
DACKS, AUX CONFINS DE L'ÉTAT DE
NEW YORK. LES MEUBLES, FABRI-
QUÉS PAR LES ARTISANS DE LA
RÉGION ET GROSSIÈREMENT
TAILLÉS, ONT PRIS LES FORMES QUE
PERMETTAIENT LES MATIÈRES PRE-
MIÈRES UTILISÉES À L'ÉTAT NATU-
REL. ILS S'ACCORDENT PARFAITE-
MENT AVEC LES PLAFONDS EN BOIS,
LES POUTRES MAL ÉQUARRIES ET
LES CHEMINÉES EN PIERRE, INDIS-
PENSABLES POUR RECRÉER
L'ATMOSPHÈRE DES HABITATIONS
DES PREMIERS COLONS.

À DROITE : *La décoration des portes du buffet d'encoignure – motifs géométriques et paniers stylisés – a été obtenue à l'aide de dix variétés différentes de bois. Les éléments n'ont pas seulement été assemblés entre
eux, mais tressés. Les deux fauteuils à bascule ont des dossiers et des
sièges en lame d'écorce de frêne tressée.*

CI-DESSOUS : *Dans cette salle à manger, des meubles signés Ernest Sto-
we, un charpentier passionné, à ses moments perdus, par la fabrication
de meubles rustiques. Ses éléments décoratifs – écorces et lamelles de
bouleau blanc, comme sur le buffet à droite – sont d'ordinaire réservés
à des meubles plus délicats, comme les secrétaires, par exemple. La gla-
cière en argent et en cuivre, de la fin du XIXᵉ siècle, posée sur la table
est d'origine allemande. Elle est décorée de scènes de chasse et de têtes
de cerf en relief.*

CI-DESSOUS : *Les possibilités décoratives de l'écorce sont presque inépuisables – on trouve parfois jusqu'à dix variétés différentes sur un même meuble.*

À DROITE : *Le style américain associe souvent techniques anciennes et matériaux récents. Ce secrétaire, décoré d'une véritable marqueterie d'écorces, le confirme.*

À GAUCHE : *Cette pièce, chauffée par un poê-le à charbon en fonte, est meublée d'un bureau décoré d'écorce et de branchages et d'un fauteuil rustique.*

CI-DESSOUS : *L'esprit de la forêt est partout présent dans cette chambre : la tête de lit est décorée de larges bandes d'écorce ; devant le fauteuil en noyer et lames d'écorce tressées, un petit tabouret aux pieds en sabots de cerf.*

LES FERMES DU MAINE SE COMPOSENT DE PLU-
SIEURS BÂTIMENTS RELIÉS ENTRE EUX : UNE
GRANDE ET UNE PETITE MAISON, UNE REMISE
ET UNE GRANGE. SALLY SPILLANE ET ROBINSON
LEECH S'EN SONT INSPIRÉS POUR TRANSPLAN-
TER DANS LE MASSACHUSETTS UNE FERME DU
CONNECTICUT ET UNE GRANGE DU XVIIIᴱ
SIÈCLE, DÉCOUVERTE DANS L'ÉTAT DE NEW
YORK ; ILS LES ONT PLACÉES DE PART ET
D'AUTRE D'UNE GRANGE DU XVIIIᴱ SIÈCLE
DÉTRUITE AU COURS D'UN INCENDIE ET RÉCEM-
MENT RECONSTRUITE.

À DROITE : *Sur les murs sont accrochés
quelques pièces des collections des propriétaires : des étoiles, des fleurs de lis, mais aussi
des harpons à anguilles et des tirants. Les
meubles d'époque sont peints et proviennent
d'origines diverses : le placard de gauche
vient du Canada, celui de droite du New
Hampshire, et celui du milieu de Pennsylvanie. Le canard, un ancien appeau, est posé
sur une table teintée en brun, trouvée dans
l'État de New York ; la chaise verte vient de
Nouvelle-Angleterre.*

PAGE CI-CONTRE EN HAUT : *Un choix hétéro-
clite d'objets – étoiles, enseignes, boîtes, placards peints – encombre la pièce cloisonnée
par un banc canadien du XVIIIᴱ siècle.*

PAGE CI-CONTRE EN BAS : *Décorée de tissus
éclatants et d'une cheminée, n'importe quelle grange paraît accueillante et chaleureuse.
Ici, on a installé de belles bûches dans l'âtre
de pierre ; un fauteuil d'été en osier est
recouvert d'une couverture mexicaine.*

À DROITE : *Les rayons de soleil traversent les hautes fenêtres garnies de rideaux de feuillage et réchauffent cette chambre aménagée de meubles de styles différents. Ces couleurs éclatantes sont celles du Nouveau-Mexique et le motif du mur, réalisé au pochoir, a été inspiré d'un modèle découvert dans un village colonial espagnol du XVIIIe siècle, près de Santa Fé.*

CI-DESSOUS : *Les meubles aux peintures fanées et les couleurs vives des murs et des tapis composent un ensemble inhabituel mais plein de charme.*

À GAUCHE : *Une haute cheminée en briques s'incurve avec élégance jusqu'au plafond de bois, qui est aussi le plancher de la pièce au-dessus.*

À DROITE : *Le blanc et le bleu turquoise des peintures, l'éclat des meubles et des tapis évoquent le Mexique.*

CI-DESSOUS : *Dans une harmonie de blanc et noir, des cactus et un tableau naïf très coloré donnent à cette pièce une atmosphère mexicaine.*

PAGE CI-CONTRE : *Dans cette maison du Connecticut, le vert vif de cette porte introduit une touche sud-américaine. Sur un pupitre canadien du siècle dernier est posée une pendule signée Seth Thomas.*

Aux États-Unis, les tissus réalisés à la maison, en particulier les quilts, sont un élément essentiel de l'art de vivre à la campagne.

CI-DESSUS : Ce placard à chaussures canadien est parfait pour ranger les quilts.

À DROITE : Ce quilt accroché au mur est orné d'un motif étoilé. Devant le coffre teint au vinaigre, un petit tapis multicolore au crochet, récupéré dans une décharge, recouvre le sol. Pour nettoyer ses tapis, Sally les étale à l'envers sur de la neige dure et les brosse avec de la neige, qui pénètre à travers les fibres, puis elle les laisse dehors pendant une heure.

CI-DESSUS : *Une malle en métal rouillé, peinte en ocre, voisine avec un buffet couleur sang-de-bœuf sur lequel on a posé des boîtes peintes, dont une urne de vote (à droite).*

À GAUCHE : *L'étoile et la flèche sont des paratonnerres découpés dans du métal et montés sur des tiges.*

SEASIDE, EN FLORIDE, EST UN ENSEMBLE IMMOBILIER DE TRENTE HECTARES, CONÇU PAR ROBERT DAVIS AVEC L'AMBITION DE RECRÉER L'ESPRIT COMMUNAUTAIRE DES PETITES VILLES DE CAMPAGNE. C'EST UN ENSEMBLE CONVIVIAL, OU CHAQUE MAISON POSSÈDE UN PERRON SUR LEQUEL ON PEUT S'INSTALLER, ET PARLER À L'OCCASION AVEC LES VOISINS QUI SE PROMÈNENT. LES PIQUETS BLANCS DES CLÔTURES ET LES MAISONS SONT INSPIRÉS DES CONSTRUCTIONS DES ÉTATS DE CHARLESTON ET DE SAVANNAH, DANS LE SUD.

PAGE CI-CONTRE : *Comme les maisons construites dans la région de 1800 à 1940, celles de Seaside ont été conçues pour être confortables sans qu'il soit nécessaire d'installer l'air conditionné. De grands ventilateurs de plafond rafraîchissent les pièces et le belvédère qui domine le toit, élément traditionnel de l'architecture du Sud, permet à la chaleur de monter puis de s'échapper par l'ouverture.*

EN HAUT À GAUCHE : *Malgré le climat chaud, les murs blancs, les draps de lit en dentelle et la moustiquaire drapée autour du lit en cuivre à baldaquin traditionnel, donnent à cette chambre une impression de fraîcheur.*

EN BAS À GAUCHE : *Cette maison est conçue pour laisser entrer la lumière, mais pas la chaleur. Un ventilateur au plafond, des fenêtres protégées par des stores en bois blanc et des fauteuils en rotin Lloyd Loom donnent de la fraîcheur à la pièce.*

PAGE CI-CONTRE : *C'est sous la véranda, construite à peu de distance de la rue, que par tradition l'on se repose en fin d'après-midi, sous les derniers rayons de soleil.*

CI-DESSOUS : *Le lit de la chambre d'amis, dont la tête est faite en branches, est de style Adirondacks (voir page 146). Le patchwork très coloré du dessus-de-lit dessine des alvéoles et offre un vif contraste avec les murs blancs. Des paniers et une ancienne caisse servent de rangement – idée pratique qui convient tout à fait aux maisons de campagne.*

CI-DESSOUS : *Les lignes simples de cette cuisine, pourtant moderne et équipée d'appareils ménagers, avec ses placards blancs alignés sous le plan de travail et ses étagères symétriques, créent une atmosphère campagnarde. Des meubles simples – une table du siècle dernier à abattants et deux chaises en osier – accentuent cette impression.*

À GAUCHE : *Sur le pont aux planches décolorées par le soleil, on peut se reposer dans des fauteuils de style Adirondacks ou, tout au bout, s'étendre dans l'un des deux hamacs qui se balancent doucement sous le vent.*

LES PIÈCES DE LA MAISON

L es pièces d'une maison de campagne sont intemporelles. Le climat et le paysage inspirent leur aménagement et le mobilier répond davantage aux besoins de la vie rurale qu'aux exigences de la mode. Elles n'ont cessé d'évoluer au cours des siècles, comme si elles étaient animées d'une vie propre. Elles ont intégré et interprété des éléments de différentes cultures, ayant chacun un style original, spécifique à chaque pays. Une chambre française, par exemple, peut être aménagée d'une armoire rustique en noyer – ou autre bois fruitier – tapissée à l'intérieur de ce tissu typiquement provençal mais inspiré des textiles indiens importés au XVIIe siècle, à Marseille.

Ce sont les maisons de campagne américaines qui font preuve du plus grand éclectisme décoratif : aujourd'hui, il est difficile de faire la distinction entre le style européen des premiers colons et l'authentique style américain. La diversité de ce style, qui s'est développé grâce au brassage des cultures et des traditions, témoigne de la vitalité de l'art de vivre à la campagne qui ne cesse d'évoluer et d'innover, tout en demeurant fidèle à ses origines rurales.

À GAUCHE : *Dans les îles Canaries, cette chambre réunit des éléments d'origines différentes : les dessus-de-lit fleuris sont en chintz anglais, un châle brodé habille un guéridon marocain, les têtes de lits en fer et les draps ont été achetés au Portugal. Pour restaurer ce type de lit, on peut peindre les ferronneries avec du noir mat ou une couleur neutre satinée, puis nettoyer le cuivre éventuel avec du jus de citron car l'aspect brillant et poli ne s'intégrerait pas au décor.*

CI-DESSUS : *Le crucifix Renaissance en bois est parfaitement à sa place sur les murs chaulés de cette ancienne cure toscane, donnant à la pièce une simplicité presque monacale.*

Le salon

À la campagne, le confort est l'élément essentiel du salon. Dans un climat froid, il formera un cocon douillet, chaleureux et accueillant, avec des sièges capitonnés, des coussins moelleux, des tapis épais et un grand feu dans la cheminée. Dans les régions chaudes, le salon est un lieu frais et reposant, avec des murs blancs, des ventilateurs, un sol dallé et des fenêtres tamisées. Il convient d'éviter tout ce qui est trop précieux ou élaboré car les salons de campagne sont faits avant tout pour qu'on y vive. Cet aménagement vient des premières maisons rurales, qui n'avaient qu'une seule grande pièce, servant à la fois de cuisine, de salle à manger et de chambre à coucher, dans laquelle toutes les activités domestiques se déroulaient autour de la cheminée, ce qui était la conception de l'époque des pièces de réception.

À DROITE ET CI-DESSOUS : *Dans cette pièce ensoleillée, en Nouvelle- Angleterre, les meubles aux peintures fanées et les fauteuils moelleux donnent une impression de confort et invitent au farniente.*

DOUBLE PAGE SUIVANTE : *À la campagne, des meubles d'époques et de traditions différentes peuvent parfaitement voisiner dans une même pièce. Ici, la table de café en pin du XVIIIe siècle provient de Nouvelle- Angleterre et s'harmonise avec le fauteuil en noyer William et Mary qui date probablement de 1690. À gauche, le buffet d'angle, du début du XVIIIe siècle, est un meuble de Pennsylvanie.*

À DROITE ET CI-DESSOUS : *Tissus aux couleurs neutres, sols en briques ou parquetés, cheminées en pierre, plafonds en plâtre ou en frisette apportent des éléments et des matériaux rustiques à ces intérieurs modernes français.*

EN BAS : *Le plafond voûté, la cheminée classique et le sol carrelé créent un cadre très espagnol dans lequel les fauteuils verts et blancs capitonnés et la table basse moderne en bois s'intègrent parfaitement.*

La salle à manger

Dans la plupart des maisons de campagne, la salle à manger avait – et a encore – une vocation de salle commune, à la fois cuisine et pièce où se déroulent les activités quotidiennes. L'Angleterre a été le premier pays européen à aménager une pièce spécialement conçue pour y prendre les repas mais ce n'était qu'au début du XVIIIᵉ siècle. Par la suite, alors que les gens du monde s'offraient des festins somptueux, le reste de la population continuait à dresser la table dans la cuisine, et cela jusqu'au milieu du XIXᵉ siècle. À la même époque, en Europe et en Amérique, les classes moyennes en plein essor aménageaient de confortables et élégantes salles à manger, sans craindre de joindre aux meubles du XVIIIᵉ siècle des éléments rustiques et contemporains.

Les salles à manger d'aujourd'hui s'inspirent de ce style et offrent des ensembles confortables dans lesquels la table est l'élément central. Le mobilier est souvent simple : une robuste table en pin entourée de chaises paillées, qui étaient autrefois dans la cuisine de la ferme ; la vaisselle est simple et en faïence. Nul besoin d'avoir un véritable service – le choix d'un thème de base conviendra mieux qu'une vaisselle raffinée. Les chaises peuvent également être d'origines ou de bois différents – des chaises à barreaux verticaux et d'autres à barreaux horizontaux, en chêne ou en if. La lumière électrique agressive peut être remplacée par le doux éclairage des bougies (voir page 232). La décoration de la table est elle aussi simple et naturelle : bouquets de fleurs et d'herbes sauvages (voir pages 226-227) et compotiers de baies, de pommes de pin ou de pommes brillantes.

Cette salle à manger américaine évoque parfaitement l'époque des colons grâce aux meubles – chaises en paille du XVIIIᵉ siècle à barreaux sculptés et fauteuil Windsor –, aux boiseries et aux portes entièrement peintes d'un vert très doux. C'est leur couleur d'origine que le propriétaire, Stephen Mack, a révélée en enlevant cinq couches de peinture. Elle avait pris des nuances d'une profondeur et d'une douceur incomparables, car elle imprégnait le bois en profondeur alors que nos peintures modernes ne colorent que la surface.

PAGE CI-CONTRE : *Les chaises africaines en «bois de fer», et la table en pin, de fabrication locale, sont les éléments centraux du «coin repas» simple et naturel d'une finca espagnole. Les entonnoirs tressés posés sur la table servaient à filtrer le vin.*

EN HAUT, À DROITE: *Une collection de pots d'étain et de vieux livres reliés ornent ce bahut en noyer, du XVIIIe siècle, dans une salle à manger française.*

EN HAUT À L'EXTRÊME DROITE : *Certains meubles modernes, comme cette table créée par Richard Latrobe Bateman, s'intègrent très bien dans un cadre rustique ; les artisans contemporains travaillent en effet avec des matériaux naturels et savent adapter les formes et les techniques traditionnelles.*

AU MILIEU, CI-CONTRE : *Les étagères de ce buffet d'angle du XVIIIe siècle sont décorées de faïences anglaises et françaises. Sur le mur, l'élément décoratif en cuivre bruni dissimule l'éclairage électrique – solution ingénieuse pour intégrer des installations modernes dans un cadre rustique.*

AU CENTRE À L'EXTRÊME DROITE : *Les poutres sombres contrastent avec les murs chaulés de cette salle à manger française. Les chaises et la table, en chêne, sont du XVIIIe siècle.*

EN BAS À DROITE : *Des chaises de style gustavien, des peintures claires et un placard en pin du XIXe siècle créent le décor de cette salle à manger suédoise, réservée au petit déjeuner.*

EN BAS À L'EXTRÊME DROITE : *Dans les régions méditerranéennes, les repas se prennent à l'extérieur (voir page 199), sur des terrasses carrelées ou dallées. Ici, des rideaux en toile à voile ombragent la table recouverte d'une nappe en coton fleurie.*

La cuisine

La cuisine d'une maison de campagne est toujours une pièce séduisante, car elle évoque tout un passé riche en traditions. Mais son charme tient beaucoup plus à la place centrale et essentielle qu'elle occupe dans la maison : c'était la pièce dans laquelle les familles se réunissaient autour de la table et où les amis aimaient se rassembler pour travailler ou se reposer.

L'importance de la cuisine, cœur de la maison, remonte à l'époque où l'on préparait les repas dans la cheminée, au centre de la pièce où vivaient et dormaient les membres de la famille. Le mobilier était sommaire : au moment du repas, on tirait des tabourets ou des bancs rudimentaires autour d'une table faite de planches mal rabotées posées sur des tréteaux. Le sol, en terre battue ou parfois dallé de grosses pierres, était recouvert de joncs que l'on changeait une fois par an.

Rares sont ceux qui veulent recréer un cadre aussi authentique. Cependant, les cuisines modernes sans âme et trop rationnelles donnent de plus en plus envie de retrouver des cuisines où il fait bon vivre, qui rappellent celles qui furent, pendant des siècles, le cœur de la vie paysanne. Mais ce désir de retrouver «l'âme» des cuisines anciennes n'est qu'une interprétation moderne et ne peut reproduire les véritables conditions de la vie à la campagne de jadis. Les installations modernes, en particulier les canalisations d'eau qui nous ont dispensés d'aller la chercher au puits, ne sauraient être ignorées. Pomper l'eau n'était pas une petite affaire : il fallait s'escrimer en général une demi-heure, plusieurs fois par jour, pour approvisionner une maison.

Concilier le passé et le présent exige un aménagement très étudié. Certains éléments anciens, comme la robuste table centrale, les sols naturels et un office séparé de la cuisine, ont été redécouverts avec plaisir par les nouveaux propriétaires de maisons de campagne. Quant aux ustensiles traditionnels, casseroles en cuivre, compotiers et saladiers, ils sont aussi décoratifs qu'utiles. Cependant, les appareils modernes, mixers ou fours à micro-ondes, sont difficiles à intégrer. Ces gadgets, placés à côté d'une superbe batterie de cuisine ancienne, risquent de détonner dans un décor rustique si on ne veille pas à les rendre plus discrets. Les petits objets se dissimulent facilement dans les buffets, les coffres ou les confituriers alors que les plus volumineux, lave-linge, lave-vaisselle, se placeront derrière des portes de placard ou, si la place ne manque pas, dans une autre pièce.

À DROITE : *Des siècles durant, l'eau du puits a approvisionné les cuisines. Aujourd'hui, installer une pompe n'est guère pratique ; il convient cependant d'en choisir une ancienne, qui s'intègre au décor, comme celle de cette photo.*

PAGE CI-CONTRE : *Un simple évier en pierre intégré dans un solide placard en bois s'intègre tout à fait à cette cuisine américaine. Sur des étagères murales sont rangées la vaisselle et des poteries.*

CI-DESSOUS : *Dans cette cuisine de Nouvelle-Angleterre, la teinte des plans de travail en pin s'harmonise avec l'ancien placard canadien, installé sur le mur du fond.*

EN BAS À DROITE : *Dans les premières maisons en bois américaines et scandinaves, la cuisine occupait un bâtiment annexe, pour limiter les risques d'incendie.*

AU CENTRE À DROITE : *Une cheminée traditionnelle ouverte chauffe cette cuisine scandinave.*

EN HAUT À DROITE : *Les matériaux naturels sont à l'honneur : moules en cuivre sur un mur de brique chaulé, au-dessus d'une table à découper de boucher bien usée.*

PAGE CI-CONTRE : *Les vieilles cuisinières à gaz sont parfaites dans une cuisine de campagne.*

EN HAUT À GAUCHE : *Les celliers sont un élément caractéristique des cuisines anglaises. Ici, les produits sont conservés au frais sur des étagères en pierre de Bath ; les murs sont peints d'une belle couleur terre cuite.*

EN HAUT À DROITE : *Des couleurs vives et chaudes éclairent cette arrière-cuisine espagnole au sol dallé.*

AU CENTRE À GAUCHE : *Des carreaux en faïence du XVIIIᵉ siècle, décorés à la main, apportent une note de couleur à cette cuisine espagnole. Les planches pour suspendre les petits ustensiles et les poteries locales décoratives sont des éléments espagnols que l'on peut facilement intégrer dans une ferme normande ou un appartement new-yorkais.*

AU CENTRE À DROITE : *Le retour à la cuisine traditionnelle a ravivé le goût pour les meubles qui en étaient inséparables, comme ce buffet andalou en pin du XIXᵉ siècle.*

EN BAS À GAUCHE : *À la campagne, on préparait souvent les repas assis à la table de cuisine. La lampe à huile qui éclaire la surface de travail est indispensable durant les hivers suédois, quand le jour ne dure que quelques heures.*

EN BAS À DROITE : *Les larges rebords des fenêtres percées dans les murs épais, comme dans ce cellier anglais, sont très pratiques pour garder au frais les provisions.*

EN HAUT À GAUCHE : *Ces tableaux ont servi d'inspiration pour une riche combinaison de couleurs. Les anciennes installations, comme cet évier et son égouttoir carrelé, sont souvent démolies sous prétexte qu'elles sont vétustes et démodées ; pourtant, elles font le charme des cuisines traditionnelles et il convient de les mettre en valeur.*

EN HAUT, À DROITE : *Des objets usuels décorent les murs de cette cuisine des Canaries. Tout est à portée de main, même la clef pour remonter la pendule !*

AU CENTRE À GAUCHE : *Cette cuisine espagnole a été aménagée de façon que les éléments d'époque de valeur – meubles en pin, carreaux en faïence et tommettes – ne soient pas masqués par les appareils modernes.*

AU CENTRE À DROITE : *Les murs et les boiseries laqués de blanc et le sol carrelé de tommettes, donnent à cette cuisine une atmosphère méditerranénne. Un évier fait sur mesure, avec une étagère basse pour ranger les plats, est idéal pour préparer crudités et salades du jardin.*

EN BAS À GAUCHE : *Dans cette cuisine espagnole, l'étagère sculptée dans le plâtre ne peut renier l'influence mauresque. Le rideau de gauche, qui sépare le coin cuisine de la salle à manger, est une couverture africaine Xhosa tissée.*

EN BAS, À DROITE : *Cette cuisine espagnole est tout à fait fonctionnelle avec ses ustensiles suspendus à portée de main. Le marbre des plans de travail n'est pas un élément luxueux ; on a simplement utilisé le matériau de la région, moins cher, dans cette partie de l'Espagne, que le bois.*

À GAUCHE : *Ce meuble, appliqué contre un mur en pierre peint, sert à ranger les verres ; des canards sculptés en bois et des objets en osier en garnissent le dessus.*

CI-DESSOUS : *Ce carrelage percé d'orifices était jadis utilisé pour permettre à la chaleur du four de monter dans le grenier à orge, et recouvre aujourd'hui le sol du rez-de-chaussée. C'est un revêtement pratique pour des pièces de plain-pied avec le jardin.*

CI-DESSOUS : *Un solide plan de travail en érable épouse la forme du pilier de soutènement en pierre de cette ancienne malterie. Étagères et crochets permettent d'avoir tous les ustensiles à portée de main, comme dans les cuisines traditionnelles.*

À DROITE : *Pain, légumes, fleurs et poteries, produits et objets locaux sont les compléments indispensables de l'art de vivre à la campagne. Le climat et les matériaux donnent un caractère spécifique à chaque région.*

À DROITE : *Grâce à des détails comme les charnières, les boutons et les verrous, le charme campagnard d'une cuisine, pourtant équipée de toutes les installations modernes, est préservé.*

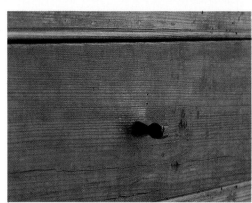

CI-DESSUS ET PAGE CI-CONTRE : *Les maisons de campagne évoluent au fil des générations et certains aménagements bien étudiés peuvent être très utiles : dans cette cuisine américaine, ces placards en pin faits à la main cachent les appareils électriques.*

Un habile artisan a tout à fait réussi cette cuisine française, avec ses étagères ouvertes qui laissent tout à portée de la main. Couteaux et ustensiles sont suspendus au-dessus du plan de travail et les tasses accrochées sous un étroit rayonnage. Une série de boîtes, de tailles différentes, s'aligne sur l'étagère garnie de tissu qui habille la hotte. Des livres de recettes trouvent leur place sous le plafond. Le torchon qui voile l'éclairage apporte une note de charme. Le carrelage local, les boiseries peintes en blanc et les meubles en noyer créent l'atmosphère naturelle qui imprègne cette pièce.

CI-DESSOUS À DROITE : *Des rideaux en toile à voile écrue, suspendus devant la porte par de simples anneaux coulissant sur une tringle de laiton, protègent de la chaleur du soleil. La mer, présente dans toute la maison (voir aussi page 34 à 37), l'est aussi dans cette pièce. Sur l'évier, des colineaux frais pêchés attendent qu'on les prépare ; un tableau, représentant le port avec ses chalutiers et ses pêcheurs penchés sur leurs filets, est accroché au-dessus d'une petite étagère ; on croirait une fenêtre ouverte sur l'extérieur.*

CI-DESSOUS À GAUCHE : *Dans cette partie de la cuisine, une série de casseroles en cuivre est pendue à des crochets de boucher. À droite, une étagère à épices en bois offre tout un assortiment de petits bocaux. Au premier plan, sur la table, le repas se prépare. L'art de vivre à la campagne implique qu'on utilise des produits et matériaux de la nature, du bois de la table aux aliments qui y sont posés.*

La chambre

La chambre n'apparaît que tardivement, au cours du Moyen Âge, et est alors autant un endroit pour dormir que pour recevoir. Seules les classes aisées ont des chambres. Le reste de la population dort en famille, sur le sol de l'unique pièce de la maison dans laquelle on cuisine et on prend ses repas. Au XVIIIe siècle, les fermes d'Europe et d'Amérique possèdent désormais une chambre, devenue plus intime et plus hygiénique. Les fourrures et les lourdes tapisseries ont laissé la place à des cotonnades et tissus de lin lavables, importés d'Extrême-Orient, et les lits en fer, qui découragent les punaises, sont devenus courants. Le XIXe siècle voit se multiplier les bibelots et les petits meubles : objets de porcelaine, aquarelles, tables de toilette peintes et tissus fleuris. Ainsi, peu importe que l'on trouve dans les chambres de nos maisons de campagne des lits à baldaquin ou en fer, du parquet ciré ou d'épais tapis, des fenêtres nues ou des rideaux de chintz ; il suffit qu'un seul impératif soit respecté : elles ne doivent pas être somptueuses.

PAGE CI-CONTRE : *Les fenêtres sans rideaux laissent passer toute la lumière. Le lit américain du XIXe siècle porte encore sa peinture d'origine, dont la nuance s'accorde parfaitement avec le volet intérieur.*

CI-DESSOUS : *Des tapis aux teintes vives et un buffet mexicain peint offrent à cette chambre blanche à l'allure puritaine, aménagée dans une ancienne grange de la Nouvelle-Angleterre, un assortiment de couleurs éclatantes plus évocateur de la foi catholique.*

CI-DESSOUS : *Les lits à baldaquin, quand ils ne sont pas démesurés, conviennent parfaitement aux chambres rustiques. Ces lits en érable, de tradition shaker, sont très sobres et s'intègrent parfaitement à cette pièce.*

À DROITE : *Ces lits à baldaquin sont extrêmement bon marché : fabriqués avec des tuyaux de canalisation, peints en imitation bois, ils ont été habillés d'un tissu provençal dont les motifs ont plus de deux cents ans.*

À DROITE : *À la campagne, l'aménagement des intérieurs met à profit le moindre espace disponible. Dans une ferme suédoise du XVIIIe siècle, entre ces deux lits encastrés, on a logé un placard. Sa partie ajourée, en bas, servait à abriter les poules lors des hivers rigoureux.*

EN HAUT À GAUCHE : *Une commode a été aménagée à l'extrémité de ce lit suédois en pin, du début du XIXe siècle, comme la pendule et les chaises.*

EN BAS À GAUCHE : *En Suède, les fermiers décoraient leurs murs de peintures pour imiter la riche décoration des châteaux. Celles-ci ont été exécutées en détrempe sur des murs en bois lisse pour donner l'impression que des tableaux étaient accrochés sur la tapisserie.*

CI-DESSUS : *Dans une maison au bord de l'Atlantique, en France, la douce harmonie de bleu-gris de cette pièce a été inspirée par la couleur de la peinture de l'église locale.*

À DROITE : *Les rideaux de dentelle blanche conviennent à toutes les chambres rustiques.*

PAGE CI-CONTRE : *Le plafond laqué est en partie drapé de rideaux blancs qui se gonflent comme des voiles. Le dessus-de-lit blanc, le plancher et les marches de l'escalier contribuent à l'atmosphère de bord de mer. L'escalier conduit à un bureau mansardé (voir page 34). Au-dessus du lit, une glace en forme de hublot accentue l'impression d'être au bord de la mer.*

La salle de bains

Bien que les Égyptiens, les Grecs et les Romains aient installé des systèmes élaborés de bains privés et publics, construit des aqueducs et des réseaux d'adduction d'eau, la majeure partie de l'Europe ne se soucia de l'hygiène qu'au début de ce siècle. Seuls les monastères et les très grandes maisons avaient installé des systèmes de plomberie – la noblesse italienne du XVIᵉ siècle, par exemple, disposait de somptueuses salles de bains avec eau courante froide et chaude. Pendant ce temps, à la campagne, les habitants se contentaient d'une cuvette et d'un broc, de toilettes au fond du jardin et du traditionnel pot de chambre. On ne se lavait entièrement qu'une fois par semaine, dans une baignoire en zinc devant la cuisinière. Le plus souvent, toute la famille se baignait dans la même eau, qui avait déjà servi à la lessive hebdomadaire ! À partir du XIXᵉ siècle, les premières salles de bains avec eau courante apparurent dans les classes aisées et c'est au XXᵉ siècle qu'elles se généralisèrent jusque dans les habitations les plus modestes. Ces progrès ne touchèrent d'abord que les villes et la campagne dut attendre encore quelques années.

L'histoire de la salle de bains étant très récente, il y a peu de repères pour guider son aménagement. C'est pour cette raison que dans presque toutes les maisons de campagne, les efforts de décoration s'arrêtent au seuil de cette pièce, résolument moderne. Il est pourtant dommage de rompre l'unité de la décoration intérieure de la maison. La question essentielle, quand on cherche à décorer une salle de bains dans un style rustique, est de savoir comment elle s'intégrera avec le reste de la maison. Si vous projetez de l'installer dans une ancienne chambre, vous aurez probablement beaucoup d'espace ; cela devrait permettre d'allier de façon harmonieuse les installations modernes au confort du passé. Une baignoire à l'ancienne, placée au milieu de la pièce – où l'on aura laissé la cheminée d'origine – vous permettra de retrouver, devant un feu crépitant, le plaisir du bain de jadis, sans en supporter les inconvénients. Si l'espace est réduit, vous pourrez choisir des éléments modernes mais en décorant les murs avec des matériaux naturels, tels que les lambris, sous un climat froid, ou un carrelage à l'ancienne dans les régions chaudes.

À DROITE : *Une salle de bains rustique doit être simple et sans prétention. Cette pièce très agréable dans une maison espagnole, aux murs ocre, est équipée d'une baignoire blanche classique habillée de dalles en marbre de la région, soulignées d'une frise de carreaux andalous.*

PAGE CI-CONTRE : *L'usage limité de teintes neutres donne une atmosphère très campagnarde à ces toilettes d'une maison anglaise. Des lambris blancs dissimulent la plomberie et le plancher a été éclairci avec une teinture pour bois. La serviette et les équerres noires du lavabo contrastent avec les murs blancs et les accessoires en acajou donnent de la chaleur à la pièce.*

EN HAUT À GAUCHE : *Couleurs vives et peintures laquées pour cette salle de bains du cottage d'un artisan potier anglais. Le large rebord de la fenêtre permet de ranger toutes sortes d'accessoires.*

AU CENTRE À GAUCHE : *Cette salle de bains moderne a pris des allures espagnoles grâce à un superbe carrelage récent mais décoré de dessins et de couleurs inspirés des faïences anciennes.*

EN BAS À GAUCHE : *Des murs d'un bleu de ciel méditerranéen et le sol recouvert d'un tapis en lirette égayent cette salle de bains et l'harmonisent à la chambre voisine.*

PAGE CI-CONTRE : *Dans les salles de bains anglaises, souvent assez froides, des murs lambrissés conviennent mieux que le carrelage. Une fresque éclatante, peinte à la main, décore l'habillage de la baignoire et la commode de cette pièce.*

La terrasse

Dans les pays chauds, manger dehors fait partie de la vie quotidienne. Sur une terrasse exposée au soleil, ou sous l'ombre fraîche d'un olivier ou d'une tonnelle, la table demeure à la même place, prête pour le repas suivant. Les vérandas permettent de se protéger de la chaleur du soleil ; leurs persiennes empêchent les insectes de passer mais laissent filtrer la brise rafraîchissante. Il suffit d'un peu de verdure pour estomper l'éclat d'une terrasse écrasée de soleil – des lauriers ou des géraniums dans des pots en terre cuite, des pâquerettes ou des touffes d'herbes odorantes poussant entre les dalles ou entre les carreaux usés par le temps.

Les climats rigoureux exigent la création d'espaces adaptés aux incertitudes du temps – larges porches, vérandas, jardins d'hiver ou pavillons d'été, qui permettent de profiter de la campagne sans être exposé à la pluie et au vent. Il convient de choisir un mobilier étanche, des chaises et des tables qu'on puisse facilement transporter à l'extérieur mais qui ne risquent pas d'être abîmées si on oublie de les rentrer.

À GAUCHE ET CI-DESSOUS : *La terrasse, aménagée de meubles en bois blanchis par le soleil, est protégée de la chaleur étouffante de midi par un arbre ou par une tonnelle et, ainsi abritée, devient une véritable pièce d'extérieur.*

CI-DESSUS ET PAGE CI-CONTRE, DE GAUCHE À DROITE EN HAUT : *L'amour de la campagne, c'est aussi l'envie de vivre en relation étroite avec la nature. En ville, ce désir s'exprime dans les soins apportés aux petits jardins et à l'aménagement des vérandas ou des terrasses. Dans les maisons et les appartements, ces pièces d'extérieur permettent d'être en contact avec la nature grâce aux fleurs, aux herbes et aux légumes qui y poussent , tandis que les habitants de la campagne ne sortent que lorsque le temps le permet. Manger dehors est l'une des caractéristiques essentielles de l'art de vivre à la campagne, que le repas soit pris dans un jardin, une véranda ou sur une terrasse ; le soleil, des meubles simples en fer, en bois ou en osier, de la vaisselle rustique, des vins excellents et des aliments sains sont des compléments indispensables.*

CI-DESSUS ET PAGE CI-CONTRE, DE GAUCHE À DROITE EN BAS : *Ces pièces à la fois fermées et ouvertes sur l'extérieur sont une invitation à la détente avec ces meubles confortables et ces coussins moelleux. Sous la tonnelle de ce jardin français (en haut au centre), un châlit en fer, garni de coussins, a permis d'improviser un canapé d'extérieur. Dans les climats plus froids, les serres permettent de vivre au milieu des plantes et à l'abri du mauvais temps. De grandes fenêtres et une profusion de plantes estompent la frontière entre l'intérieur et l'extérieur. La souplesse des structures est une autre caractéristique des maisons de campagne, parfaitement illustrée par la photo des portes d'étable en cèdre qui, lorsqu'elles sont complètement rabattues, transforment cette véranda d'hiver en terrasse d'été.*

LES ÉLÉMENTS DU DÉCOR

L'art de choisir les éléments adéquats est une étape essentielle pour créer un véritable art de vivre à la campagne. Il faut aussi avoir à l'esprit ses racines rurales, où les besoins de la vie quotidienne dictaient les formes. Murs, boiseries, plafonds et sols constituent le décor pour le mobilier, les tissus et les accessoires. Choisissez de préférence des couleurs naturelles, du roux foncé au bleu ciel le plus clair, et des matériaux bruts comme le bois mal équarri ou les plâtres rugueux. Il faudra ensuite trouver des tissus d'ameublement naturels, des meubles en bois peints ou cirés, et des fleurs cueillies dans la campagne pour obtenir un ensemble harmonieux.

Si vous achetez des meubles, il n'est pas nécessaire de vous en tenir à une seule époque. Tout comme l'architecture, les éléments qui composent le décor d'une maison de campagne ont traversé les siècles. En revanche, il faut toujours être attentif aux traditions, sans être pour autant obligé de les suivre à la lettre. L'art de vivre à la campagne est un style vivant, et non une reconstitution exacte du passé. À la différence des styles d'époques précises, aucune règle n'affirme que tel meuble ou tel objet artisanal est conforme. Les maisons de campagne traditionnelles se sont meublées au cours des siècles, chaque génération apportant sa propre contribution au style de la maison ; ainsi, aujourd'hui, l'art de vivre à la campagne est le fruit des traditions et du souvenir.

L'art de vivre à la campagne exclut la recherche de l'ornement : les objets exposés sont toujours aussi beaux qu'utiles. Cette photo détaille le contenu des étagères du vaisselier de la salle à manger photographiée page 55. Cette collection d'ustensiles de cuisine est constituée de faïences en majolique, de plats anglais nacrés du XVIIIᵉ siècle et de moules en grès ainsi que d'ustensiles en bois : louches à beurre et diverses cuillères.

Le mobilier

À la campagne, la plupart des meubles se sont transmis de génération en génération ou ont été fabriqués par les artisans de la région et pendant des siècles, les formes n'ont guère changé. Ainsi, des meubles d'époques différentes et même de pays différents peuvent parfaitement s'harmoniser. Si le mobilier demeurait avant tout utilitaire, il n'était pas pour autant dépourvu d'ornements. La peinture permettait à la fois de dissimuler les défauts du bois et de créer de gais et séduisants décors. Aujourd'hui, ce sont souvent les meubles aux peintures les plus fanées qui sont les plus beaux : l'usure, en révélant les différentes couches de peinture, a composé un patchwork de teintes passées auquel vient se mêler la couleur naturelle du bois, visible par endroits. Il est possible de reproduire cet aspect sur un mobilier neuf. Il suffit d'appliquer sur le bois nu plusieurs couches de peintures inégalement réparties et une dernière couche étalée uniformément, puis de frotter la peinture avec du papier très légèrement humide pour révéler la couleur et le grain du bois. On peut aussi gommer la peinture jusqu'au bois, aux endroits les plus exposés à l'usure. Manipulez l'objet pour voir où des doigts sales auraient laissé leur empreinte, et n'oubliez pas de reproduire les éraflures qu'on voit toujours au bas des meubles et aux angles.

CI-DESSOUS : *Le mobilier américain shaker possède une élégance intemporelle que l'on retrouve dans toutes les créations artisanales de qualité.*

À DROITE : *Cette chaise américaine à haut dossier, fabriquée au XVIIIᵉ siècle dans la vallée de Shenendoah, en Virginie, a été teintée d'une couleur sombre. Son siège est en lamelles de bois souple tressées.*

CI-DESSUS ET À DROITE : *Des chaises amish contemporaines (ci-dessus) ou de style rustique (à droite) trouvent toujours leur place sous un porche ou une véranda.*

CI-DESSUS : *Les fabricants américains de meubles Adirondacks (voir page 146) utilisaient, pour réaliser leurs créations, des éléments naturels comme l'écorce, des branches minces et des racines.*

PAGE CI-CONTRE : *Cette petite table rustique, dont les pieds ressemblent à des racines d'arbre, date du début du XIXe siècle et a été fabriquée aux États-Unis pour une cabane des Adirondacks, à Raquette Lake, dans l'État de New York.*

CI-DESSUS : *Le fauteuil à bascule a été inventé aux États-Unis au XIXe siècle.*

CI-DESSUS : *Ces deux chaises en bois grossier, du milieu du XIXe siècle, sont représentatives des meubles de ferme scandinaves.*

À GAUCHE ET CI-DESSUS : *Beaucoup de chaises françaises semblent trop élaborées pour des maisons de campagne, mais celles-ci, en chêne, du XVIIe siècle, sont parfaites.*

EN HAUT À DROITE : *Ce banc anglais en acajou a été décapé puis teinté en blanc. La teinture a réagi sur le bois mis à nu, produisant un effet bleuté étrange. Ce n'était pas le résultat escompté, mais cette erreur n'est pas à regretter.*

AU CENTRE À DROITE : *La patine de ce fauteuil anglais du XVIIIe siècle en bois fruitier contraste avec les traces de peinture encore incrustées dans ce vaisselier délavé par le temps.*

EN BAS À DROITE : *Ce buffet français en noyer du XVIIIe siècle est orné d'une collection d'étains et de vieux livres.*

À GAUCHE : *Les meubles régionaux, comme ce placard mexicain, peint en bleu vif, et le banc jamaïcain sont parfaits dans les maisons de campagne.*

PAGE CI-CONTRE : *Cette table et ces chaises canadiennes de la fin du XVIIIe siècle sont un bel exemple de la beauté des peintures usées par le temps.*

Les murs

CI-DESSOUS : *La peinture au lait servait aussi bien à peindre les murs que les meubles. Elle donnait des teintes d'une douceur et d'une richesse que les peintures d'aujourd'hui n'ont pas ; à peine sèches, elles semblaient déjà patinées par le temps. On en trouve dans le commerce, mais on peut aussi la préparer soi-même. Mélangez à parts égales du lait écrémé, de la chaux et un pigment et remuez jusqu'à ce qu'il n'y ait plus de grumeaux.*

À DROITE : *Dans les maisons de campagne américaines et scandinaves, les murs lambrissés aux couleurs veloutées sont fréquents.*

La plupart des couleurs conviennent à la décoration d'une maison de campagne ; tout est dans la manière de les appliquer, en couche épaisse ou rugueuse, sur des surfaces lisses ou irrégulières. Toute la gamme des terres cuites, des ocre, des bruns et des verts s'harmonisent très bien avec les meubles de campagne. Sous un climat chaud, le blanc donnera une impression de fraîcheur à un environnement sec et aride. Dans les pays froids, on peut choisir des teintes pastel qui intensifieront la lumière du jour ou leur préférer des coloris vifs qui créeront une atmosphère chaleureuse.

Les surfaces des murs varient en fonction des matériaux locaux et des traditions de construction : pierre, briques peintes ou naturelles, bois, plâtre, torchis ou même le marbre. Si votre maison est ancienne, vous devrez connaître les particularités des bâtiments anciens pour éviter les erreurs désas-

Le lait de chaux donne aux vieux murs un fini parfait.

PAGE CI-CONTRE : *On prépare le lait de chaux en versant de l'eau sur de la chaux vive. Mettez des gants et des lunettes protectrices car le mélange bouillonne et est toxique. Une fois refroidi, il forme un mastic épais auquel vous ajouterez de l'eau jusqu'à obtention d'une crème fluide. Enfin, pour teinter le lait de chaux en rose, ajoutez de l'argile à briques ; en crème, ajoutez de l'ocre.*

À GAUCHE : *Il faut toujours préparer suffisamment de lait de chaux car on ne peut jamais refaire les mêmes dosages et obtenir exactement la même couleur.*

treuses. Imaginez une peinture moderne sur les murs en torchis (voir par exemple page 49) : cet enduit imperméable aurait favorisé la condensation et causé de graves dommages à la maison. Ce type de murs ne supporte que le lait de chaux, déjà utilisé 8000 ans avant Jésus-Christ ; il ne cloque pas et permet aux murs de respirer, en laissant passer l'humidité et les sels minéraux sans les emprisonner. Des magasins spécialisés vendent du lait de chaux prêt à l'emploi, mais il est possible de le préparer soi-même.

Il existe, pour les maisons plus récentes, toute une gamme de produits qui permettent de donner aux murs une apparence ancienne. Ainsi, des plâtres neufs peuvent être vieillis avec de l'enduit à reboucher que l'on étale en fines couches ou dont on éclabousse les murs avec une spatule ou un couteau à enduire. Lorsque l'application est bien sèche, peignez, en utilisant la technique du pinceau sec : passez une sous-couche avec de la peinture à l'eau assez concentrée en la faisant pénétrer dans le plâtre et laissez sécher. Trempez un pinceau neuf dans de la peinture à l'eau blanche ou légèrement teintée et essuyez cette peinture sur du papier ; enfin, à coups de pinceau rapides, peignez toute la surface du mur pour atténuer la couleur de la première couche. Continuez à étendre des couches presque à sec jusqu'à ce que vous ayez atteint cette nuance veloutée et fanée des peintures anciennes.

Le badigeon permet aussi de vieillir des plâtres neufs. Sur un mur déjà recouvert d'une couche d'apprêt légèrement teintée et bien sèche, appliquez une couche de peinture à l'eau, très diluée, en l'étalant généreusement à grands coups de pinceau. Laissez sécher et appliquez une seconde couche pour atténuer toutes les irrégularités et obtenir l'aspect des vieux murs badigeonnés. Pour vieillir des lambris ou des boiseries, peignez le bois brut avec de la peinture à l'eau blanche mate diluée dans cinq fois son volume d'eau, pour adoucir le grain du bois. Quand cette première couche est sèche, peignez de nouveau l'ensemble avec de la peinture à l'eau de votre choix – toujours diluée dans les mêmes proportions. Pendant que cette couche est encore humide, donnez de grands coups de pinceau sec sur la peinture pour adoucir l'ensemble. Quand le bois est sec, on peut le frotter au papier de verre et le cirer.

Un décor au pochoir sera du plus bel effet, à condition de choisir des motifs traditionnels, des formes stylisées ou inspirées de la nature – baies, feuilles, fleurs ou animaux.

PAGE CI-CONTRE : *On a choisi, pour ce salon d'une maison aux Canaries, des teintes douces et fanées. Les boiseries, jadis peintes en bleu, ont été nettoyées à l'eau et au savon puis foncées avec un glacis teinté avec de la peinture à l'huile terre de Sienne brûlée.*

À DROITE ET CI-DESSOUS : *Les murs méditerranéens offrent de riches coloris, comme ces verts et ces bleus éclatants.*

Les sols

La longue histoire des sols commence au Moyen Âge, quand ils n'étaient que de la simple terre battue recouverte de paille et de joncs. Les revêtements «durs» qui les remplacèrent diffèrent selon les régions. Dans le nord, le centre et l'ouest, on trouve des dalles en pierre, alors que dans le sud et l'est, on utilise des briques ou des carreaux en terre cuite. Si les tomettes ont été adoptées par l'Espagne et par l'Italie, nombre de nos régions leur ont préféré le carrelage noir et blanc. Les pays riches en bois de construction, comme la Scandinavie et l'Amérique, ont opté pour les sols en bois peint ou simplement frotté à la brosse à chiendent et recouverts de longs et étroits tapis de sol tissés à la main (voir pages 128 et 156).

Jadis, dans les demeures scandinaves, on nettoyait les planchers en les frottant avec du sable humide. Avec les années, le bois prenait une teinte plus claire et mate. On peut retrouver cette couleur en l'éclaircissant avec de l'eau de javel ou un décapant. Il faut d'abord éliminer l'ancien vernis, faire pénétrer l'eau de javel et laisser agir quinze minutes avant de rincer à l'eau le surplus. Répétez l'opération jusqu'à obtention de la couleur souhaitée. Il reste à la fixer en passant sur le bois une solution obtenue en mélangeant un volume d'eau pour un volume de vinaigre ; rincez à l'eau claire et laissez sécher. Pour vieillir le bois, il suffit de peindre le plancher en blanc ou en crème et d'enlever ensuite presque toute cette peinture avec des chiffons propres et secs, en frottant à contre sens du bois. Il ne restera plus sur le parquet qu'une fine pellicule de peinture et des traces plus épaisses dans les fentes.

Si votre maison a gardé son sol d'origine, n'effacez pas les irrégularités qui en font tout le charme. À défaut de sol ancien, des carreaux de récupération offrent souvent une bonne solution. Cependant, le choix d'un carrelage neuf ne doit pas être systématiquement exclu. Vous pourrez aussi le recouvrir de tapis tressés, comme on l'a fait jusqu'au milieu du XVIIe siècle pour lutter contre l'inconfort des planchers mal rabotés ou des dalles glacées.

Notre époque offre un large choix de nattes et de tapis végétaux, dans toutes les dimensions et toutes les teintes naturelles. La paille ou le jonc, présents sur tous les sols au Moyen Âge, se sont par la suite transformés en nattes tressées pour devenir enfin un élément décoratif à part entière qu'on fabrique encore actuellement ; cette évolution démontre que l'art de vivre à la campagne a traversé toutes les époques.

À DROITE, DE HAUT EN BAS : *Ce détail d'un sol espagnol montre une dalle, constituée d'éclats de pierre, bordée de briques.*

Il est recommandé de ne pas poser des kilims et des tapis tissés à même le parquet ou le carrelage car les joints et les interstices risquent de les abîmer. Pour les protéger, on glissera dessous un tapis végétal ou une épaisseur de tissu qui jouera le rôle de doublure.

Dans la plupart des maisons de campagne, les sols de briques témoignent du passage du temps.

En Espagne, on dit que les tomettes marquées de l'empreinte d'une patte de chat portent bonheur.

Un sol de tomettes crée immédiatement une atmosphère de vie à la campagne.

Un véritable sol de terre battue.

PAGE CI-CONTRE : *Les dalles en pierre sont l'un des plus beaux éléments décoratifs des grandes fermes anglaises.*

Les plafonds

Richement ornés de moulures en plâtre ou de boiseries, ou simplement constitués de poutres et de solives, les plafonds des maisons de campagne revêtent toutes les apparences. Ceux des granges aménagées ou des cottages ont en général la même facture que le reste du bâtiment : ils sont rudimentaires, irréguliers et très pittoresques. N'essayez surtout pas d'équarrir les poutres ou de redresser les plafonds penchés : ces défauts créent tout le charme des intérieurs rustiques.

Si vous effectuez des travaux, cherchez le plafond qui s'adaptera le mieux au caractère de votre maison. Poutres et solives apparentes doivent être naturelles pour s'harmoniser aux autres éléments de la pièce. Il vous faudra peut-être les décaper pour enlever les couches de peinture ou de vernis indésirables. S'il est nécessaire de remplacer certaines d'entre elles, essayez de vous procurer des matériaux provenant de maisons anciennes, si possible de la même époque que la vôtre. Le plafond joue un rôle déterminant dans une pièce ; s'il est mal choisi, c'est toute l'atmosphère de la pièce qui sera faussée.

Même dans les maisons neuves, on devrait reproduire les irrégularités et les asymétries. L'art de vivre à la campagne illustre la qualité d'un travail artisanal et se caractérise par l'aspect rudimentaire des objets faits à la main par des paysans qui construisaient leurs maisons avec des outils peu élaborés et des matériaux qu'ils trouvaient sur place.

EN HAUT À GAUCHE : *Le plafond en bois de cette maison espagnole du XIXe siècle est la reconstitution exacte de la structure d'origine. On a passé le bois neuf au lait de chaux, qu'on a ensuite frotté de façon à le patiner.*

AU CENTRE ET EN BAS À GAUCHE : *Ces plafonds espagnols sont constitués de poutres et de planches mal équarries. Sur la photo du bas, le plafond sert de plancher à la pièce située au-dessus, alors que sur le cliché du centre, des planches ont été posées sur le plafond.*

PAGE CI-CONTRE : *Dans une ferme du XVIe siècle, des poutres apparentes forment un plafond très classique.*

Les boiseries

PAGE CI-CONTRE : *Dans une ferme américaine du XVIIIᵉ siècle, cette por-te d'étable en chêne, avec des ferrures et des loquets en fer forgé, se détache sur un mur aux lambris badigeonnés (voir page 210).*

CI-DESSUS : *Des patères en bois s'accordent parfaitement avec les lam-bris des murs et la porte – également en bois naturel – de l'entrée d'une ferme américaine du XVIIIᵉ siècle.*

Dans les maisons anciennes, les boiseries ont été pour la plupart sacrifiées lors de rénovations ou de modernisations. La négligence a eu raison des plus fragiles ; exposées aux intempéries, au pourrissement et aux insectes, elles ont subi des dommages irréparables. Si les précédents travaux de rénovation de votre maison ont été placés sous le signe de l'économie, les structures d'origine auront peut-être été épargnées. D'anciennes portes lambrissées, par exemple, ou des balustrades d'escaliers ouvragées ont parfois été simplement recouvertes de panneaux lisses qui, enlevés avec précaution, révèlent des trésors insoupçonnés.

En revanche, quand ces éléments ont été supprimés, il faut les remplacer. Pour cela, il faut rechercher le style qui corres-pond à l'époque de votre maison et s'assurer ensuite que chaque élément s'intègre bien à l'environnement. Jusqu'à la fin du XIXᵉ siècle, par exemple, presque toutes les maisons étaient équipées de volets. On les posait soit à l'intérieur soit à l'exté-rieur, selon le cas. Si vous voulez en installer, il vous faudra rechercher ceux que l'on fabriquait dans la région. Ne confon-dez pas les volets campagnards traditionnels avec les per-siennes soi-disant rustiques. N'étant pas équipés de gonds, de taille souvent insuffisante pour masquer l'ouverture, ces imita-tions de volets n'ont aucune raison d'être.

De tous les anciens ouvrages de menuiserie, ce sont les portes qui ont le mieux survécu à l'usure, sans pour autant échapper aux différentes modes. Le décapage des portes en pin, dernièrement très à la mode, ne permettait pas vraiment de rendre aux boiseries leur cachet originel. La plupart des bois tendres devaient en effet être protégés par plusieurs couches de peinture blanche et par une couche de vernis. Pour cette raison, les artisans qui les fabriquaient ne se préoccu-paient pas de leur donner la finition parfaite qu'ils s'efforçaient d'apporter aux huisseries en bois dur. À cela s'ajoutent le dosa-ge souvent approximatif des peintures des moulures et l'action des produits décapants ; rien d'étonnant alors à ce que ces portes soient plus ou moins détériorées. Si vous en possédez, il vaut mieux essayer de restaurer leur peinture originelle.

CI-DESSOUS : *La peinture des boiseries s'écaille car le propriétaire de la maison, Stephen Mack, préfère laisser en l'état ce qui est certes usé, mais d'époque.*

CI-DESSUS : *Détail du système de fermeture d'une porte ancienne en bois de feuillu, dans une maison américaine du XVIIIᵉ siècle. Le loquet en fer forgé se bloque avec une cale de bois.*

CI-DESSUS : *Il aura fallu enlever cinq couches de peinture pour retrouver la couleur bleu-vert d'origine des lambris de cette pièce, dans une maison américaine du XVIIIe siècle.*

EN HAUT À GAUCHE : *La peinture du panneau central de ce volet est usée au point de révéler le grain du bois.*

AU CENTRE À GAUCHE : *On peut imiter l'aspect piqué des peintures anciennes en éclaboussant une boiserie peinte de gouttelettes de vernis couleur terre de Sienne.*

EN BAS À GAUCHE : *Cet escalier, qui relie la cour intérieure au toit en terrasse d'une maison des Canaries, a une rampe sculptée, dont la forme est tout à fait caractéristique de l'île.*

CI-DESSUS : *Le vert très doux des boiseries contraste avec le blanc des murs peints. Le feu de bois adoucira peu à peu les peintures et donnera à cette pièce la patine de l'ancien.*

EN HAUT ET AU CENTRE À DROITE : *La peinture ancienne cloque souvent, mais elle prend une patine qu'aucun produit moderne n'atteint jamais.*

À DROITE : *On peut refaire les balustres manquantes d'après les modèles anciens. On voit, page ci-contre, la rampe originale de cet escalier espagnol récent.*

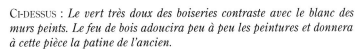

Plantes et pots

PAGE CI-CONTRE : *Des urnes en pierre, remplies de surprenantes brassées de rameaux de cornouiller, ont été installées à l'entrée d'une élégante salle de bains carrelée de marbre.*

CI-DESSUS : *Dans ce hall de style italien, une niche classique, creusée dans l'épaisseur d'un mur aveugle, accueille une urne toscane posée sur un socle, dont la couleur évoque celle de la pierre. On pourrait très bien la garnir de fleurs séchées ou de branches dénudés.*

CI-DESSUS : *La teinte rouge fané de cet élégant vase étrusque s'harmonise avec les tons or et bronze des dalles en marbre de la région qui revêtent le sol et les murs de cette pièce en Toscane. Il pourrait parfaitement être garni de branches ou de feuillage.*

De larges amphores en terre cuite, d'où jaillissent des bouquets de branchages, des urnes en pierre ornées de feuillage, des vases vernissés débordants de fleurs sauvages, des pots en terre remplis de géraniums et, sur une terrasse, des jardinières qui déversent leurs plantes jusque sur le sol – la présence de la nature et son étonnante richesse est l'une des caractéristiques essentielles de l'art de vivre à la campagne.

L'été, il suffit de composer de simples bouquets de fleurs sauvages cueillies dans la campagne. L'hiver, vous garnirez les pièces de branchages dénudés – forsythia, japonica, aubépine ou bouleau. Comme les arbustes d'intérieur, ces rameaux coupés verdiront et fleuriront au fil des saisons. Veillez à ne pas mêler plusieurs espèces dans un vase et vérifiez souvent le niveau d'eau car le feuillage coupé boit énormément.

Une autre façon d'introduire la nature consiste à faire sécher pendant l'été les fleurs du jardin ou de la campagne. Leur effet décoratif sera d'autant plus réussi que le bouquet sera important ; ces compositions florales doivent s'harmoniser à la couleur dominante de la pièce. Choisissez des vases ou des pots en matières naturelles car la porcelaine et le verre sont trop raffinés pour un cadre rustique. Préférez les pots en terre cuite ou les paniers d'osier. Dans le jardin, urnes, bacs et même de vieux éviers en pierre garnis de plantes luxuriantes exhaleront leur parfum chaque fois que vous passerez à côté.

PAGE CI-CONTRE : *Ce magnifique bouquet de genêt en fleurs offre un ornement simple et naturel à ce cadre rustique : table de campagne, sol de briques anciennes et murs inégaux.*

EN HAUT À GAUCHE : *Les vases n'ont pas besoin d'être neufs – ici, la peinture écaillée de cette poterie souligne le charme des fleurs des champs.*

AU CENTRE À GAUCHE : *On peut disposer des fleurs coupées dans une corbeille si celle-ci contient un récipient pour l'eau.*

EN BAS À GAUCHE : *Les petits bouquets égayent les surfaces nues.*

EN HAUT À DROITE : *Les «herbes folles» qui poussent au bord des chemins sont très décoratives.*

AU CENTRE À DROITE : *Ces roses jaunes apportent une note acidulée qui tranche avec la couleur du bois ciré.*

EN BAS À DROITE : *Un bouquet de lavande dans un vase chinois s'harmonise avec ces lambris à la peinture usée par le temps.*

PAGES SUIVANTES : *Des pots en terre garnis de fleurs adoucissent les lignes de cette terrasse espagnole.*

EN HAUT À L'EXTRÊME GAUCHE : *Un agapanthe en fleur dans un jardin aménagé sur le toit d'une maison des Canaries.*

EN HAUT, À GAUCHE : *Le bac de ce palmier est coordonné à la structure en lattes qui habille cette maison française.*

AU CENTRE À L'EXTRÊME GAUCHE : *Des plantes fleuries offrent une transition agréable entre la terrasse et la pelouse.*

AU CENTRE À GAUCHE : *Pots et plantes transforment les murs de briques et le sol pavé en un coin de jardin.*

EN BAS À L'EXTRÊME GAUCHE : *Ce citronnier est planté dans un cercle de terre, sur une terrasse française.*

EN BAS À GAUCHE : *Des géraniums rouges dans une ancienne urne à olives illuminent le bord de cette terrasse, qui domine le port de Cannes.*

PAGE CI-CONTRE : *Deux lauriers au feuillage vernissé encadrent une porte espagnole à la peinture verte fanée.*

L'éclairage

La lumière des bougies n'a certes pas la puissance de l'éclairage électrique – on dit qu'il faut cent vingt bougies pour obtenir l'intensité lumineuse d'une seule ampoule – mais, dans une maison de campagne, elle possède un pouvoir très particulier. Même si un éclairage électrique, bien dissimulé, produit un effet d'ensemble agréable, il n'aura jamais le charme de la flamme des bougies.

Il existe des bougeoirs de toutes formes et dans une grande variété de matériaux. Pour une maison de campagne, vous pourrez les choisir en fer blanc, en bois ou en cuivre, de formes rustiques et simples. Quant aux bougies, les meilleures sont en cire d'abeille pure plongées à la main, ou à base de cire d'abeille. Les bougies de couleur ivoire, produites en série, offrent cependant un substitut acceptable. Les bougies en cire d'abeille sont chères et se consument vite, mais elles imprègnent les pièces d'un extraordinaire parfum d'été.

Pour retrouver tout le charme de l'art de vivre à la campagne, on peut aussi utiliser des bougies de paraffine, des lampes-tempêtes, des lanternes en fer blanc ajouré et des lampes à pétrole. Un éclairage électrique peut tout à fait s'intégrer, s'il est soigneusement installé et bien orienté, de façon à obtenir une lumière agréable.

Choisissez des lampes en forme de chandelier et équipez-les d'ampoules à faible voltage dont vous voilerez la lumière avec un abat-jour très simple ; les lampes de bureau traditionnelles en cuivre avec leur abat-jour vert ou les lampes de table en céramique, en terre cuite ou en bois, équipées d'abat-jour unis, s'intègrent très bien dans une maison de campagne.

CI-DESSUS : *Ce bougeoir en fer forgé qui s'adapte au châssis de la fenêtre a été fabriqué par un forgeron d'après un modèle américain traditionnel. Dès la nuit tombée, à travers la fenêtre sans rideaux, la douce flamme de la bougie adresse un chaleureux message de bienvenue.*

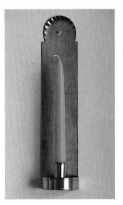

PAGE CI-CONTRE ET CI-DESSUS : *Ces différents bougeoirs en fer blanc peuvent être des modèles d'époque ou de bonnes copies. Les formes varient selon les pays, mais elles sont toujours aussi fonctionnelles qu'élégantes.*

EN HAUT ET EN BAS À GAUCHE : *Les bougeoirs en cuivre peuvent très bien s'intégrer si leur forme n'est pas trop élaborée. Ceux-ci, très simples, illuminent l'intérieur d'une ancienne grange américaine.*

RÉPERTOIRE

On trouvera dans ce répertoire, qui ne prétend pas être exhaustif, un certain nombre d'adresses de boutiques, représentatives des différents styles évoqués dans cet ouvrage. Elles sont destinées à tous ceux qui désirent aménager leur appartement ou leur maison et retrouver la simplicité et le naturel de l'art de vivre à la campagne. En ce qui concerne l'éclairage, peu d'adresses sont mentionnées, car la plupart des luminaires anciens se trouvent dans les foires à la brocante ou chez des antiquaires.

MOBILIER

ANTIQUES COMPANY
50, rue des Archives
75004 Paris
Tél : 42.72.53.90
Mobilier anglais

ASTUGUEVIEILLE CHRISTIAN
Galerie Vivienne
75002 Paris
Tél: 42.60.10.70

**AUTHENTIQUE STORE
EN BOIS**
11, rue Forest
75018 Paris
Tél: 42.93.56.93

AUTOUR DU MONDE
8, rue des Francs-Bourgeois
75003 Paris
Tél: 42.77.06.08
Style premiers pionniers américains

BOUTIQUE ANGLAISE
15 bis, rue de Maubeuge
75009 Paris
Tél: 42.82.97.83

BOUTIQUE DANOISE
42, ave de Friedland
75008 Paris
Tél: 42.27.02.92
Mobilier scandinave en teck ou en frêne massif
Poêles à bois en fonte

BOUTIQUE ÉCOSSAISE
130 bis, bd Diderot
75012 Paris
Tél: 43.07.44.41

BRITISH IMPORT
23, bd du Parc
Ile de la Jatte
92200 Neuilly
Tél: 46.37.27.75
Meubles en pin des XVIIe et XIXe siècles anglais

CHEVIGNON TRADING POST
6, rue des Francs-Bourgeois
75003 Paris
Tél: 48.87.12.99
Mobilier et objets inspirés des pionniers américains et du Nouveau-Mexique

COMPAGNIE ANGLAISE
place de la porte d'Auteuil
75016 Paris
Tél : 46.51.04.36
Meubles anglais du XIXe siècle

COPPERFIELD
79, rue Claude Bernard
75005 Paris
Tél : 43.37.47.19
Antiquités anglaises, meubles en pin

CUIR CENTER
176/182 bd de Charonne
75020 Paris
Tél : 43.73.36.13
Succursales en provinve.
Canapés et fauteuils en cuir anglais

ENGLISH ANTIQUES
14, rue Linné
75005 Paris
Tél: 47.07.54.44
Meubles anglais et scandinaves du XIXe siècle

ÉTAT DE SIEGE
1 quai Conti
75006 Paris
Tél: 43.29.31.60
21, ave de Friedland
75008 Paris
Tél: 45.62.31.02
Sièges rustiques d'intérieur et d'extérieur

GALWAY
29, rue Berthollet
75005 Paris
Tél: 43.36.21.15
Meubles en pin et objets anglais

GRENIER ANGLAIS
73, rue du Cherche-Midi
75006 Paris
Tél: 45.48.75.70

INTERIOR'S
144, bd Jules Durand
BP 5056
76071 Le Havre CEDEX
Tél: (16) 35.26.51.61
Mobilier anglais

LOFT
17 bis, rue Pavée
75004 Paris
Tél: 48.87.46.50
Meubles en pin décorés au pochoir

MAISON DOUCE
100, rue de Rennes
75006 Paris
Tél: 45.48.84.10

MAPLE
5, rue Boudreau
75009 Paris
Tél: 47.42.53.32
Meubles anglais

MARWAY
10/26 et 28 bis, rue de Richelieu
75001 Paris
Tél: 42.96.26.56
Copies de meubles anglais traditionnels et objets décoratifs

PASTORALE
118, ave Mozart
75016 Paris
Tél: 45.25.73.56
Meubles en pin, linge en dentelle et vanneries anciennes

QUATRE SAISONS
Forum des Halles
1, rue Pierre Lescot
75001 Paris
Tél: 42.21.06.04
Magasins franchisés à Paris et en province.
Mobilier en bois naturel, accessoires de décoration et mobilier de cuisine

RALPH LAUREN
Home selection
2, place de la Madeleine
75008 Paris
Tél: 42.86.99.83

TEXIER ALIETTE
39/41, quai de l'Horloge
75001 Paris
Tél: 43.54.72.72
Meubles régionnaux et objets rustiques

VERNILAND
56, rue Cambronne
75015 Paris
Tél: 42.73.10.26
Lambris traditionnels en pin et en chêne

MOBILIER DE JARDIN

AU FOND DE LA COUR
49, rue de Seine
75006 Paris
Tél: 43.25.81.89

CÈDRE ROUGE
22, ave Victoria
75001 Paris
Tél: 42.33.71.05

DESPALLES
76, bd St-Germain
75005 Paris
Tél: 43.54.28.98

HUGONET
63, rue de la Boétie
75008 Paris
Tél: 43.59.14.26

JARDIN EN PLUS
Forum des Halles
Place Carrée
75001 Paris
Tél: 42.33.00.68
27, rue du Cherche-Midi
75006 Paris
Chaises longues, fauteuils guéridons en osier et en rotin

LETHU GENEVIÈVE
95, rue de Rennes
75006 Paris
Tél: 45.44.40.35
Fauteuils, tables et guéridons en rotin

MAISON DU WEEK-END
26, rue Vavin
75006 Paris
Tél: 43.54.15.52
Meubles de véranda et de jardin

RÉPERTOIRE

PIER IMPORT
12, bd de la Madeleine
Tél: 47.42.07.13
124, rue de Rivoli
75001 Paris
Tél: 42.33.97.80
Meubles de jardin en rotin

TISSUS ET PAPIERS PEINTS

BESSON
32, rue Bonaparte
75006 Paris
Tél: 40.51.89.64
Toiles imprimées, tissus d'origine anglaise et scandinave, papiers peints

BRAQUENIÉ
111, bd Beaumarchais
75003 Paris
Tél: 48.04 30.03
Tissus de lin et de coton, percales imprimées

CANOVAS MANUEL
6, rue de l'Abbaye
75006 Paris
Tél: 43.29.91.36
1, rue Sédillot
75007 Paris
Tél: 49.55.92.00
Rideaux, voilages et tissus d'ameublement

CASAL
40, rue des Saints-Pères
75007 Paris
Tél: 45.44.76.70

COMAR AGNÈS
7, ave Georges V
75008 Paris
Tél: 47.23.33.85

DOMINOTIERS
4, ave du Maine
75015 Paris
Tél: 45.48.21.41
50, ave de Wagram
Tél: 46.22.92.28
Papiers peints et tissus scandinaves

ÉTAMINE
3, rue Jacob
75006 Paris
Tél: 43.25.99.18
33, rue de Seine

75006 Paris
Tél: 43.26.77.42
Cotons, percales et tissus d'origine française, anglaise et américaine

ÉTOFFE ET MAISON
74, rue de Rennes
75006 Paris
Tél: 45.48.00.73

FREY PIERRE
42, rue des Petits Champs
75006 Paris
Tél: 42.97.44.00

HALARD YVES
252 bis, bd St Germain
75006 Paris
Tél: 42.22.60.50
Tissus imprimés en coton et papiers peints

HICKS DAVID
12, rue de Tournon
75006 Paris
Tél: 43.26.00.67
Percales, cotons imprimés, voilages et papiers peints

IMPRESSIONS (LES)
29, rue de Condé
75006 Paris
Tél: 43.26.97.86

JUSTE MAUVE
29, rue Greuze
75016 Paris
Tél: 47.27.82.31
Papiers peints et tissus d'origine française, anglaise et américaine

LANGER SHEILA
71, rue Jouffroy
75017 Paris
Tél: 47.63.34.69
Quilts

LAURA ASHLEY
94, rue de Rennes
75006 Paris
Tél: 45.48.43.89
95, ave Raymond Poincaré
75016 Paris
Tél: 45.01.24.73
Coton imprimé, papiers peints et tissus anglais

LELIÈVRE
13, rue du Mail
75002 Paris
Tél: 42.61.53.03

MADURA
66, rue de Rennes
75006 Paris
Tél: 45.44.71.30
Tissus d'ameublement en coton imprimé

NOBILIS
29, rue Bonaparte
75006 Paris
Tél: 43.29.21.50

NOIR D'IVOIRE
22, rue de Verneuil
75007 Paris
Tél: 42.86.99.11
Distribution des tissus "les Olivades"et décoration intérieure

NOURISSAT MARTINE
5, rue des Grands Champs
78302 Poissy
Tél: (16) 39.65.48.41

OLIVADES (LES)
1, rue de Tournon
75006 Paris
Tél: 43.54.14.54

PERGAY JACQUES
206, bd St Germain
75007 Paris
Tél: 45.44.17.55

SÉLECTION TISSUS
108, bd de Courcelles
75017 Paris
Tél: 42.27.13.65

SOULEIADO
78, rue de Seine
75006 Paris
Tél: 43.54.15.13
Tissus provencaux en coton

TAMISE
24, rue des Bernardins
75005 Paris
Tél: 46.33.99.93
tissus et papiers peints coordonnés

TEXTURES
55, rue des Saints Pères
75006 Paris
Tél: 45.48.90.88
Tissus et papiers peints anglais

TISSUS L'ABEILLE
234, rue du fbg St Antoine
75012 Paris
Tél: 43.72.97.00

LINGE DE MAISON

ASTUGUEVIEILLE CHRISTIAN
Galerie Vivienne
75002 Paris
Tél: 42.60.10.70

BAIN MARIE (AU)
8, rue Boissy-d'Anglas
75008 Paris
Tél: 42.66.59.74
Draps, napperons, nappes serviettes et coussins brodés

BENAIS CHRISTIAN
18, rue Cortambert
75016 Paris
Tél: 45.03.15.55

BOUSSAC DÉCORATION
27, rue du Mail
75002 Paris
Tél: 42.33.46.88

BOUTIQUE ETRÒ
66, rue du fbg St Honoré
75008 Paris
Tél: 40.07.09.40
Linge de maison, couvre-lit en cashemire ancien

CANOVAS Manuel
7, rue Furstenberg
75006 Paris
Tél: 43.25.75.98
Linge de table et de maison

CARPE DIEM
62, rue Léon-Frot
75011 Paris
Tél: 43.67.41.01
Linge de lit et de table brodé, rideaux en dentelle

CHATELAINE (LA)
170, ave Victor Hugo
75016 Paris
Tél: 47.27.44.07
Linge de maison en lin ou en coton brodé

COLIN
10, rue des Saussaies
75008 Paris
Tél: 42.65.45.60
Linge de cuisine, draps en lin brodés et chiffrés à la main

DELORME YVES
153, rue St Honoré
75001 Paris
Tél: 42.97.00.50

RÉPERTOIRE

DESCHEMAKER
22, rue du Mail
75002 Paris
Tél: 42.33.35.80

FANETTE
1, rue d'Alençon
75015 Paris
Tél: 42.22.21.73
Linge ancien, draps
brodés, rideaux et nappes

LAUER
5, ave de l'Opéra
75001 Paris
Tél: 42.61.03.52

MAISON DOUCE (LA)
100, rue de Rennes
75006 Paris
Tél: 45.48.84.10

MAISON DU WEEK-END (LA)
26, rue Vavin
75006 Paris
Tél: 43.54.15.52
Linge de maison

NUIT BLANCHE
55, rue Boissière
75016 Paris
Tél: 47.04.42.43

PORTHAULT
18, ave Montaigne
75008 Paris
Tél: 47.20.75.25
Draps en lin, nappes en lin bro-
dées

ARTS DE LA TABLE ET ACCESSOIRES DIVERS

ARTS POPULAIRES TEA POT
7, rue Bréa
75006 Paris
Tél: 43.26.58.42
Ustensiles de cuisine, porcelaine
blanche, objets en bois et en osier

BOOG THOMAS
36, passage Jouffroy
75009 Paris
Tél: 47.70.98.10
Accessoires de salle de bains

CAPELINE
144, ave de Versailles
75016 Paris
Tél: 45.20.22.65
Abats-jour à l'ancienne

CHAUMETTE
45, ave Duquesne
75007 Paris
Tél: 42.73.18.54
Lampes en céramique

CULINARION
99, rue de Rennes
75006 Paris
Tél: 45.48.94.76
Succursales à Paris et en
province. Casseroles en cuivre,
porcelaine blanche et moules
en cuivre

DEHILLERIN
18, rue Coquillière
75001 Paris
Tél: 42.36.53.13
Casseroles en cuivre, moules,
marmites et bassines à confiture

FAÏENCE ANGLAISE (LA)
11, rue du Dragon
75006 Paris
Tél: 42.22.42.72
Services de table en
faïence anglaise

FORESTIER
35, rue Duret
75016 Paris
Tél: 45.00.08.61
Ustensiles de cuisine

FOURMIS VERTES
32, rue de Sévigné
75004 Paris
Tél: 42.77.19.81
Kilims

IL POUR L'HOMME
209, rue St Honoré
75001 Paris
Tél: 42.60.43.56
Boites Shaker et ferblanterie
coloniale américaine

KILIMS, TAPIS
28, rue du Roi-de-Sicile
75004 Paris
Tél: 42.77.69.90

KITCHEN BAZAAR
6, ave du Maine
75015 Paris
Tél: 45.48.89.00

LETHU GENEVIÈVE
95, rue de Rennes
75006 Paris
Tél: 45.44.40.35

L'OURARTIEN
19, rue de l'Odéon
75006 Paris
Tél: 46.33.07.57

MAISON DU WEEK-END (LA)
26, rue Vavin
75006 Paris
Tél: 43.54.15.52

MILLER ET BERTAUX
27, rue Bourg-Tibourg
75004 Paris
Tél: 42.77.25.31
17, rue Ferdinand Duval
75004 Paris
Tél: 42.78.28.39
Objets en bois brut, tapis en lirette, seaux en laiton

MORA
13, rue Montmartre
75001 Paris
Tél: 45.08.19.24
Plats, moules et
casseroles en cuivre

PASTORALE
118, ave Mozart
75016 Paris
Tél: 45.25.73.56
Vanneries anciennes

POIDS DE SENTEUR
8, rue Bourg-Tibourg
75004 Paris
Tél: 42.77.10.02
Cadres anciens, coussins,
plaids et châles en laine

QUATRE SAISONS
Forum des Halles
1, rue Pierre Lescot
75001 Paris
Tél: 42.21.06.04
Faïences, vanneries,
et objets en bois blanc

SAPONIFÈRE (LE)
Forum des Halles
1, rue Pierre Lescot
75001 Paris
Tél: 40.39.92.14
Accessoires rustiques
pour salle de bains

TUILE À LOUP (LA)
35, rue Daubenton
75005 Paris
Tél: 47.07.28.90
Poteries et faïences
décorées

FLEURS SÉCHÉES ET VANNERIES

ARTISAN PARFUMEUR (L')
8, rue de la Boétie
75008 Paris
Tél: 47.42.57.02

AU JARDIN SUISSE
18, rue Dupleix
75015 Paris
Tél: 47.83.88.60

CRABTREE ET EVELYN
177, bd St Germain
75006 Paris
Tél: 45.44.68.76

DIVERT PATRICK
7, place de Mexico
75016 Paris
Tél: 45.53.96.30
Compositions florales
à base de laurier et de
romarin, vanneries

JARDINS IMAGINAIRES
9 bis, rue d'Assas
75006 Paris
Tél: 42.22.90.03

SUR LA PLACE
12, place St Sulpice
75006 Paris
Tél: 43.54.93.06

TERRITOIRE
30, rue Boissy-d'Anglas
75008 Paris
Tél: 42.66.22.13

QUINCAILLERIE

BAIGNOIRE DÉLIRANTE (LA)
26, rue de Lourmel
75015 Paris
Tél: 45.79.23.19

BAIN ROSE (LE)
11, rue d'Assas
75005 Paris
Tél: 42.22.55.85

BATH SHOP
3, rue Cros
75016 Paris
Tél: 45.20.10.60

RÉPERTOIRE

DELEPINE SA
104, bd de Clichy
75018 Paris
Tél: 46.06.89.70
Appareils sanitaires et
robinetterie de style rustique

DE TONGE
06500 Valborne
Tél: (16) 93.95.80.00
Robinetterie ancienne

FONTAINE AMÉLIE (LA)
14, rue Brémontier
75017 Paris
Tél: 47.63.27.97
Robinetterie ancienne

GODIN
532, rue Sadi-Carnot
02120 Guise
Tél: (16) 23.60.41.42
Poêles en fonte

IDEAL STANDARD
32, ave Bosquet
75007 Paris
Tél: 45.50.46.45

NUSSBAUM
BP 32
67023 Strasbourg Cédex
Tél: (16) 88.40.00.99
Robinetterie ancienne

SALLE DE BAINS RÉTRO
29, rue des Dames
75017 Paris
Tél: 43.87.88.00

SANI-CENTRAL
87, ave Édouard Vaillant
92100 Boulogne
Tél: 49.10.97.62

SIGURET
17, rue Lavoisié
92000 Nanterre
Tél: 47.21.21.85
Poêles en fonte

CARRELAGES

ATELIER DES MOUSSELIERES
2 ter, rue Alasseur
75015 Paris
Tél: 42.73.24.35
Carreaux émaillés à l'ancienne et
décorés à la main

CARRELAGE BOUTAL
Quartier St Romain
83690 Salernes
Tél: (16) 94.70.62.12

CARRE
91, quai Valmy
75010 Paris
Tél: 42.05.32.80
Carrelage en grès

CARRELAGES DU MARAIS
46, rue Vieille du Temple
75004 Paris
Tél: 42.78.17.43
Carrelage artisanal en
terre cuite et en faïence

CARRÉ VERT
15, rue de la Nouvelle-France
93300 Aubervilliers
Tél: 48.39.92.91

CERABATI
19, rue Jean-Lolive
93170 Bagnolet
Tél: 42.87.62.62

CHOSES DE LA MAISON (LES)
2 bis, rue Alasseur
75015 Paris
Tél:42.73.24.35

COREMA
Les Matériaux de Jadis
35, Quai du Prélong
77400 Lagny
Tél: (16) 64.30.02.36
Carrelages à l'ancienne

ÉMAUX DE BRIARE
7, rue du Bac
75007 Paris
Tél: 42.61.16.41

MAISON DE LA TERRE CUITE
RN7 La Petite Calade
Puyricard
13100 Aix en Provence
Tél: (16) 42.21.40.41

MATÉRIAUX D'ANTAN
RN7 La Petite Calade
13540 Puyricard
Tél: (16) 42.92.57.05

NOIR D'IVOIRE
22, rue de Verneuil
75007 Paris
Tél: 42.86.99.11

SPCM
89, ave Victor Hugo
93300 Aubervilliers
Tél: 48.33.10.10
Carrelages en grès
et en terre cuite

SURFACE
16, rue St Simon
75007 Paris
Tél: 42.22.30.08
Carrelage en terre cuite
et en grès

TERRES CUITES DES LAUNES
Les Launes BP 46
83690 Salernes en Provence
Tél: (16) 94.70.62.72
Carrelage de fabrication
artisanale (cuisson au feu de bois)

TORDO PAUL
94, route de Grasse
06800 Cagnes-sur-mer
Tél: (16) 93.20.61.00
Carrelage en grès, faïence et
terre cuite

INDEX

INDEX

REMERCIEMENTS

Nous tenons spécialement à remercier les personnes et organismes dont les noms suivent:
Adirondacks Museum, Atlanta Historic Society, Dekalb Historic Society, Stephen Marck et Seaside aux États-Unis, André de Cacqueray Antiquities, Christophe Gollut, Tony Heaton, Jane et Terry Macey, Trevor Micklem, Guimund Mounter et Ana Simons, Michael Wakelin et Helen Linfield, Stephen Weeks et Mary Wondrausch en Angleterre, Lars Olsson et Skansen Open Air Museum en Suède, Jancis Page, Jaime et Janetta Parlade en Espagne, Sarah et Giuseppe Sesti en Italie, Maryse et Michel Trama, et Roger Vergé en France.

Nous remercions aussi:
Stephen Andrews RCA, Maria Pilar Aritio, Jean et Vony Becker, Liz et Jim Cherry, Dick Dumas, Mrs Jessie Famous, Maria Luisa Larranaga Condesa Vda de Foixa, Marquise de Ganay, Jenny Hall, Mme Jacques de Lacratelle, Robert et Illene Ligday, M et Mme Daniel Pons, Jacqueline Ryder, Peter et Sylvie Schofield, Scott Shepard, Lars et Ursula Sjoberg, Sally Spillane et Robinson Leech.